JN447660

청사 수필

설화를 품은 꽃들

유준호 지음

머리말

꽃의 삶은

사람의 삶과 닮았다고 보기에 꽃은 사람이요, 사람은 꽃이라고 비유하는 말을 자주 듣는다. 유전자를 몸에 품고 이 세상에 태어나 나름의 꽃을 피우고 향기를 풍기며 살다가 한 알 씨를 맺어놓고 생을 마감하는 것이 사람과 꽤나 닮았다. 사람들의 삶 이야기가 전설로 숨은 이 꽃들처럼 한 사람이 살다가 간 자취 뒤에도 모두 다는 아니지만 드물지 않게 전설이 서려 내려온다. 그래서 이런 꽃들에 애착이 간다. 그 꽃 가운데 78개를 골라 한편의 자작 시조와 꽃말, 전설, 현대시인의 시를 곁들여 나름의 생각을 썼다. 마음의 향기를 느꼈으면 한다. 이 책을 내는데 도움을 주신 대전문화재단과 표지화를 제공해 주신 한국화가 공주교육대학교 미술교육과 백인현 교수님께 감사한다.

기해년, 새울정사에서

차례

ㄱ~ㄴ

ㄷ~ㅁ

ㅂ~ㅅ

ㅇ~ㅊ

ㅋ~ㅎ

가시연꽃

꽃말 청정, 신성, 순결, 번영, 장수, 그대에게 행운을

진자줏빛 혓바늘 선 고슴도치 가시연꽃

온몸이 다 찢어져 살점에 피 비친다

해 설핏 저녁놀 이고 눈을 감는 비너스

아주 오랜 옛날 부처님께서 사악한 뱀에게 가시연꽃을 지키게 했다. 많은 사람들에게 못된 짓을 하므로 뱀이 물 밖으로 못나오도록 했다. 뱀은 어쩔 수 없이 연못으로 들어가 가시연꽃을 지키

게 되었다. 그런데, 악마는 그 뱀을 유혹하기 시작했다. "가시연꽃을 먹어버리면 되지 무엇 하러 지키니?" 하면서 가시연꽃을 먹으면 너도 부처님처럼 된다면서 유혹을 하였다. 이를 알아차린 부처님은 가시연꽃에 가시를 심었다. 뱀은 가시연꽃을 먹었지만 결국 가시에 걸려 넘기지 못해서 아직도 빛을 피해 어둠에서 헤매게 되었다는 이야기이다.

최근 충남 홍성군 홍성읍 고암리에 위치한 역재방죽공원에서 백년 만에 폈다고 하여 화제가 된 꽃이다. 이 가시연꽃은 수련과에 속하는 1년생 수생식물이다. 씨에서 발아하여 화살 모양의 타원형 잎이 나오는데 점차 잎이 자라면 둥글게 된다. 잎의 윗면은 주름이 지고 윤기가 난다. 아랫면은 흑자색이며 잎맥이 튀어나오고 짧은 줄이 있다. 양면 잎맥 위에 가시가 돋는다. 7~8월에 작은 자주색 꽃이 피는데 잎 사이에 가시가 돋은 긴 꽃줄기가 나와 그 끝에 피는 지름 4cm 정도의 꽃이다. 낮에 벌어졌다가 밤에는 닫히는데 10~14시 사이에 피었다 지는 개폐운동을 3일간 하다가 물속으로 들어가 씨를 형성하는 폐쇄화이다. 그런데 신기하게도 비가 오거나 날씨가 흐린 날에는 피지 않는다. 피었던 꽃은 씨를 맺고 맺힌 씨는 터져서 가종피假種皮를 갖는데 이런 종자가 물에 일정기간 떠다니다가 종피種皮가 썩거나 터져 물이 들어가면 종자는 물밑으로 가라앉았다가 다음해 4~7월에 발아하여 꽃을 피운다고 한다. 이 종자는 10월, 11월에 채취하여 과피果皮를 제거하고 종자만 꺼내 햇볕에 말려 예로부터 감실芡實이란 강장약재로도 사용하는데 허약체질·통풍·소변 등의 증상에 복용한다니 이 종자는 몇 달을 너끈히 잠수하는 특급 잠수사이고 한의사인가 보다. 줄기며 꽃이며 뿌리까지도 가시가 돋아 있는 걸 보면 고슴도치 생각이 난다. 아마도 고슴도치 식물인 것 같다. 이를 두고 이혜선 시인은 「가시연꽃」이란 시에서 '내 몸 속 파문이 동개 동개 / 가시 물결 위에 떠 있다 / 연둣빛 물 위에 연둣빛 파문 / 보랏빛 물 위에 보랏빛 파문 / …… 가시받침 뚫고 나온 진홍빛 심장이 폭죽이다 / 촘촘히 제 가슴 찌르는 푸른 잎의 열망 / 파문지어 피어나는 화살의 열망 / 내 맘 속 깊은 방에 홀로 타는 진홍빛 불꽃 한 송이 / 초승달 만나러 가는 오늘 밤은 가시를 활짝 열어놓는다'고 표현하고 있다. 가시연꽃의 진홍빛 꽃잎과 여기서 느끼는 느낌을 역동적으로 현실감 있게 표현하고 있다. 조용히 강렬한 색의 파문을 일으키며 폭죽처럼 터지는 성냥꼬치 같은 꽃, 그 곁에 근위병처럼 늘어선 가시들의 뜨거운 열망과 열정이 이 꽃 속엔 자리 잡고 있다. 이 꽃을 얼핏 보면 상상하기 어려울 정도로 줄기와 잎이 크고 둥글며 험상궂다. 잔뜩 마음이 움츠러들 정도로 우락부락한 모양새를 하고 있다. 거기다 험악한 가시가 널려있어 우리는 꽃도 그러리라 하고 지레 짐작하기 쉽다. 하지만 엄청난 크기의 잎에 비하면 작은 가시 망치를 연상시키는 꽃자루에 달랑 자그마한 한 송이 꽃을 피워, 보는 이의 성에 차지 않는 모양새이다. 그래서 뭔가 텅 빈 것 같아 허전하다. 가시연은 불량한 외형과 강인한 인상을 주지만 꽃은 무슨 붉은 점을 콕 찍어놓은 듯하여 허전하고 아쉬운 마음이 든다. 그래서 이 꽃을 보면 신기루를 보는 듯 환각을 느끼게 한다. 아니,

아기자기한 것이 신화 속의 비너스를 생각하게 한다. 세상만물은 하나 같이 불완전한 존재라고 한다. 하느님 또는 조물주가 만물을 만들 때 자기보다는 한 수 아래인 존재로 어딘가 부족하게 만들어 놓았다고 한다. 만물의 영장이라고 하는 인간도 만들 때도 불완전하게 만들었다고 한다. 그래서 그 절대자를 감히 넘보지 못하게 했다는 이야기다. 전설 속의 가시연꽃이 상징하는 것을 인간이라면 아무래도 겉으로 강해 보이나 속으로는 더없이 여린 유혹에 잘 넘어가는 존재인 것 같다. 우리가 하나의 꽃을 바라보는 것은 하나의 생명체를 감상하는 것이 아니라 하나의 고운 마음, 아름다운 우주를 느끼고, 우주의 섭리를 깨우쳐 무한한 기쁨을 가슴에 쌓는 일이다. 그런데 어쩌다 이 꽃에 전설로 나타난 뱀은 악마의 홀림에 빠져 어둠 속을 지금껏 헤매고 있을까.

갈대꽃

꽃말 신의, 믿음, 지혜

금강 하구 갈대들이 갈색 날개 펼친다
깃털이 너무 고와 구경꾼 몰려들어
저지른 죄도 없는데 발목 잡혀 벌선다

강바람에 안기어서 어깨춤 함께 춘다
쏟아지는 눈길을 떠메고 사노라니
허리가 휘청거리고 온 삭신 욱신댄다.

그리스 신화에 따르면 폴리페루스는 외눈박이 거인 키클롭스의 일족이면서 바다의 지배자 넵튠의 아들인데 폴리페루스는 바다의 신 갈라티아를 짝사랑했다. 갈라티아는 아름답고 피부가 고운 여인이었다. 그러나 갈라티아는 폴리페루스를 거들떠보지도 않았다. 갈라티아는 미소년 목동 아키스를 사랑하고 있었다. 폴리페루스는 그녀의 미모에 빠져 더욱더 짝사랑을 하게 되었다. 그녀의 마음을 사로잡은 아키스를 만나면 가만 두지 않을 것이라 생각했다. 어느 날 폴리페루스는 갈라티아가 목동 청년 아키스의 가슴에 안겨 있는 것을 발견했다. 질투로 불타오른 폴리페루스는 연적인 아키스에게 돌을 던져 죽이고 말았다. 피투성이 아키스를 보고 갈라티아는 깊이 슬퍼하며 아키스의 피를 물로 바꾸어 영원히 흐르는 강으로 만들어 달라고 기원했다. 피 빛깔이 완전히 물로 변하고 강물이 되어 흐르게 되었다. 갈라티아는 강변에서 서서 그것을 가만히 바라보면서 팔을 차츰 뻗었는데 어깨에서 녹색 가지가 나와 갈대가 되었다는 전설이다.

갈대와 억새는 생김새가 유사하여 많은 사람이 혼동한다. 갈대는 꽃 이삭이 다소 수더분하게 생겼고 강가나 물가 등에 나는 습생식물이고 억새는 꽃 이삭이 질서정연하게 생겼고 주로 들이나 산에서 난다. 바람에 나부끼는 모양은 갈대보다 억새가 훨씬 아름답다. 특히 역광으로 나부낄 때 은색 빛을 보면 억새는 경이롭기까지 하다. 갈대는 주로 물기가 많고 햇볕이 잘 드는 곳에서 잘 자라 하천이나 냇가 같은 수변의 조경공사용으로 많이 이용된다. 꽃은 9월에 자주색으로 피었다가 자갈색으로 변하는데 늦가을에 우리가 흔히 보는 것은 꽃이 진 뒤에 종실이 갈색으로 달려 있는 것이다.

가을은 쓸쓸한 계절이라고 한다. 무성했던 잎과 꽃 그리고 각종 열매가 주렁주렁 열려 우리 마음을 가득 채워주던 여름을 지나 선들선들한 기운과 함께 내려앉았던 하늘도 저 멀리 천공으로 올라가고 남느니 잎 떨어진 앙상한 가지가 산야를 지킬 뿐 서걱거리는 억새 쓸리는 소리와 강가를 지키는 갈대들의 마른 바람소리가 을씨년스럽게 들려오는 계절이라서 그리 이름 붙여진 모양이다. 그러나 갈대숲에 펼쳐지는 청춘남녀의 사랑의 멜로디는 또 다른 자연의 심포니가 아닐지. 하지만 어디서 자연의 꽃상여에 실린 장송곡이 들려오는 듯도 하다. 이런 심경을 신경림 시인은 「갈대」란 시에서 '언제부턴가 갈대는 속으로 / 조용히 울고 있었다. // 그런 어느 날 밤이었을 것이다. 갈대는 / 그의 온몸이 흔들리고 있는 것을 알았다. // 바람도 달빛도 아닌 것. / 갈대는 저를 흔드는 것이 제 조용한 울음인 것을/ 까맣게 몰랐다. // 산다는 것은 속으로 이렇게/ 조용히 울고 있는 것이란 것을 / 그는 몰랐다.'라 하고 있다. 마른 갈대 사이로 자나가는 늦가을 바람소리는 젊음을 접고 시드는 자연의 처연한 울음소리임에 틀림없다. 시인은 이런 심경을 대변하여 이 시를 쓴 듯하다. 가을 속에는 갈대가 들려주는 쓸쓸한 이야기가 있다. 가끔은 사랑의 낭만과 만남의 기쁨이 있지만 이별의 서러움과 헤어짐의 안타까움도 함께 깃들여 있다. 그러나 그곳엔 이도 저도 아닌 무덤덤함도 함께 있다. 그런 곳이 갈대숲이다. 자연 속엔 늘 이런 중용中庸이 살아 숨 쉰다. 우리는 곧잘 대립의 양분법이 삶의 패턴일 때가 많지만 이도 저도 아닌 이런 중간이 가득 존재함을 잊어선 안 되겠다. 금강 하구 신성리 갈대밭은 우리나라 3대 갈대밭 가운데 하나로 가을이면 그 장관을 못 잊어 찾는 관광객이 붐빈다. 그 통에 조용히 있고 싶은 갈대는 때 아닌 고달픔을 겪는다. 유명해져 그 값으로 잘못도 없는데 종일 벌을 선다. 갈대도 사람도 마찬가지로 삭신이 쑤시는 일이 이 자연 속에는 한둘이 아닌 성싶다. 그런데 그것이 이 세상 섭리라면 그냥 받아드려야지 어쩌랴. 그리스·로마 신화를 보면 신의 세계에도 인간 세계 못지않은 사랑과 질투, 음모와 사상死傷이 빈번하게 일어나는 것 같다. 인간들이 만든 이야기라서 그런가. 그렇다. 세상엔 음양이 있기 마련이다. 갈대에 쳐놓은 거미줄에 나비가 걸려 파닥인다. 저 놈을 빼주면 나비는 생명을 잃지 않을 텐데, 이 때 사람들은 망설인다. 빼줄까 말까. 아마도 신도 인간들이 물에 빠져 허우적거릴 때 저 놈을 건져줄까 말까 할지도 모른다. 여기서 선택 받으면 살고 에이! 몰라 하면 죽는다. 나비의 목숨이 사람 선택에 달렸듯 인간 목숨은 신의 선택에 달렸다. 이것이 이 세상에 존재하는 애매성이다.

개나리

꽃말 희망, 조춘의 감격

소리 없이 끙끙대며 한겨울을 앓더니만

양 볼에 고름 잡혀 노랗게 터졌구나

어쩌나 점잖은 나리가 꼴불견이 됐으니.

옛날 한 부잣집에 스님이 와 시주를 청했다. 하지만 부자는"개똥도 없다"며 스님을 문전박대했다. 스님은 이웃의 가난한 집에 가서 다시 시주를 청했고, 가난한 집 주인은 정성껏 시주했다. 그러자 스님은 가난한 집에 짚으로 소쿠리를 하나 만들어주고 사라졌는데, 그 속에서 쌀이 끊이지 않고 쏟아져 가난한 사람은 금세 부자가 되었다. 이를 알게 된 부자는 매우 원통해 했다. 다음 해 부잣집에 다시 스님이 찾아와 시주를 청하자 부자는 냉큼 쌀을 시주했다. 스님은 부자에게도 소쿠리를 하나 만들어주고 사라졌는데, 소쿠리 속에는 쌀이 아닌 개똥이 가득 찼다. 놀란 부자는 개똥을 울타리 밑에 묻어버렸더니 그곳에서 개나리꽃이 피어났다.

봄소식을 가장 먼저 전하는 꽃이 개나리이다. 이 개나리는 우리나라 어디에서나 잘 자라는 너무나 흔히 볼 수 있는 평범한 꽃나무로 아파트 단지 주변 울타리나, 석축 어디에나 덩굴처럼 가지를 늘어뜨리고 노란 꽃을 피운다. 너무 흔한 꽃이기에 관심을 끌진 못하지만 단연 봄소식을 앞장서서 전하는 꽃의 전령이다. "나리 나리 개나리 입에 따다 물고요 병아리 때 뿅 뿅 뿅"하는 노래 가사처럼 개나리는 병아리 같이 선명한 노란색을 띠고 있어 따스함도 전해준다. 대개의 꽃들은 잎이 먼저 나고 꽃이 피는데 목련과 개나리는 꽃이 먼저 피고 잎이 난다. 일반적으로 귀한 것에는 참나물, 참두릅, 참기름처럼 '참'이란 접두사를 붙이고 좀 덜 귀하고 흔한 것에는 개살구, 개꿀, 개떡, 개복숭아처럼 '개'자를 앞에 붙여 사용하는 경우가 많다. 개나리는 아무 데나 가지를 늘어뜨려 땅에 닿기만 하면 뿌리를 내려 누가 알뜰히 가꾸지 않아도 잘 자라나 꽃을 피운다. 그래서 흔하다고 개나리란 이름을 붙인 모양이다. 개나리는 누가 뭐래도 동심을 일깨우는 꽃이다. 이런 동심을 바탕으로 쓴 시에 김명배 시인의 「개나리꽃」이 있다. 그는 이 시에서 '마을마다 / 봄 병아리 소리로 / 피어나는 / 개나리꽃, / 누가 돌아오려나./ 꽃길, 小路길로 해서 / 작은아씨 / 돌아오려나.' 봄철 봄의 전령처럼 노랗게 피는 개나리꽃을 시인은 봄 병아리라고 하고 있다. 아니, 작은 아씨라고 하여 그 그리움의 모습을 표현해 보이고 있다. 봄을 알리는 노란 꽃이 어찌 개나리뿐이랴. 개나리와 함께 산수유도 있고, 생강나무도 있다. 이들은 봄을 전하는 노랑이 전령 삼총사이다. 그러나 개나리가 이른 봄에 대명사처럼 여겨지는 것은 우리 생활 곁에 바싹 다가서서 살기 때문인 듯하다. 신화 속에서 개똥이 개나리가 되었다는 것은 신적인 신이神異인데 이런 불가사의한 일은 시대를 초월하여 나타나는 것 같다. 이것이 우주의 신비인가. 오늘도 우리의 상상 속에나 존재하던 일들이 가끔 현실로 나타나 우리 눈을 놀라게 한다.

개망초꽃

꽃말 화해

들길천변 어디고 뿌리 뻗어 살아간다

세금 한 푼 안 내고 지주로 버틴다

뽑히며 망할 놈이라 욕먹고도 웃는다.

중국의 초나라 시대. 어느 산골 마을에 가난하지만 금술이 썩 좋은 부부가 살고 있었는데 이 부부는 아주 부지런하여 산을 일구어 농사를 지으며 살았다. 아침부터 저녁까지 밭에 나가 부지런히 김을 맨 덕분에 항상 풀 한 포기 없이 곡식을 잘 가꾸어 가을이 되면 다른 집보다 더 많은 곡식을 거두어들이게 되었다. 그러던 어느 해, 이웃나라 남당이 초나라에 쳐들어오자 남편은 전쟁터로 나가게 되었고 전쟁이 길어지면서 남편의 소식도 감감하게 되었다. 하지만 부지런한 아내는 남편을 그리워하면서도 혼자서 열심히 일을 했다. 그런데 전쟁에 패하여 나라가 망할 것 같다는 소식이 들리자 그만 덜컥 병이 나고 말았다. 병이 난 부인은 그래도 자리에 누워있을 수만 없어 밭에 나가서 부지런히 풀을 뽑았는데, 남편에 대한 그리움, 전쟁과 잡초에 대한 원망으로 병은 깊어만 갔다. 그러던 어느 날, 몹시 지친 부인은 유난히도 많이 돋은 풀을 뽑아 밭둑으로 던지며, "이 망할 놈의 풀!"하고서는 그만 그 자리에 쓰러져 죽고 말았다. 드디어 전쟁이 끝나고 남편은 무사히 아내가 있는 곳으로 돌아왔는데, 와보니 아내는 없고 밭에 풀만 무성하니 자라고 있었다. 슬픔과 원망이 가득한 남편은 마음을 가다듬고 일을 하면서 아내가 김을 매던 밭에서 풀을 뽑아서 던지며 또한 신세타령을 하듯 "이 개같이 망할 놈의 풀!"하고 외쳤다고 한다. 그때부터 이 풀은 '개망초'로 불리게 되었다는 전설이다.

망초亡草, "망할 풀"이란 뜻이다. 들판, 빈터 그 어디에서나 흔히 볼 수 있는 잡초로 북아메리카가 원산지인데 우리나라에 귀화한 식물이다. 을사조약이 맺어진 후 전에 볼 수 없었던 이상한 풀이 전국에 퍼지자 나라가 망할 때 돋아난 풀이라 하여 망초, 혹은 망

국초란이름이 붙여졌다 한다. 워낙 번식력이 좋아 삽시간에 빠르게 퍼지기 때문에 밭에 자라면 농사가 망한다 해서 망초가 되었다고 할 정도로 망초는 농부들에게는 달갑지 않은 풀이다. 뿌리를 뽑지 않으면 아무리 잘라내고 밟혀도 끝없이 살아나니 그 생명력도 놀랍다. 하지만 사진 찍어놓고 보면 하얀 꽃잎에 노란 꽃술이 청초하고 아주 귀엽기기까지 하다. 무수히 많은 하얀 꽃잎에 노란 꽃술이 계란프라이를 닮았다 해서 계란프라이 꽃으로 부르기도 한다. 이런 흔하고 천대받는 꽃을 공현혜 시인은 「개망초꽃」이란 시에서 '사람 냄새 많은 곳에선 / 사람 냄새 안 나듯 // 꽃도 흔하면 / 마음 얻지 못 하는가. // 비어가는 들녘/ 까마귀 날아들더니 // 농부가 들고 선 / 낫자루만큼이나 / 꽃의 허리가 시리구나.'라고 하여 그 사회적 인식과 위상을 고스란히 표현해 보이고 있다. 시인은 개망초 꽃을 애처로운 눈으로 보고 있다. 하지만 이 꽃은 내가 보기에 애처롭다기보다 오히려 당당하다. 아니, 용감하다. 그렇게 천대를 받아도 꿈쩍 않고 아무데나 뿌리를 내려 그 생명력을 자랑하는 것을 보라. 어디 그런 연약함이 보이는가. 흔하면 천하다. 천하면 억센가 보다. 쳐내고 밟아도 억척으로 피는 꽃이 이 꽃이다. 그렇다. 이 꽃은 억척스런 시골 아낙의 모습을 선연히 보여준다.

과꽃

꽃말 추억, 모정, 꿈, 보랏빛 사랑

때때옷을 차려입고
온 세상 자랑이다

밤이면 잔별들과 눈 맞춰 가을 열고

마음을 곱게 물들여
무지개로 분광分光한다.

옛날 백두산 근처에 추금이라는 어여쁜 과부가 어린 아들과 함께 살고 있었는데 그 집 앞마당에는 죽은 남편이 정성스레 가꾼 갖가지 꽃들이 가득했고, 추금은 그 꽃을 볼 때마다 남편 생각이 간절했다. 하지만 마을의 중매쟁이 할멈은 추금에게 끊임없이 재혼을 설득하였고, 추금도 마음이 흔들리기 시작했다. 그러던 어느 날, 뜰에 핀 하얀 꽃들이 갑자기 하나둘씩 분홍색으로 변해 가기 시작했고 이상하다 싶어 가만히 살펴보니 죽은 남편이 미소를 지으며 나타나 둘은 다시 아들과 함께 행복한 삶을 누리게 되었다. 그런데 어느 해 백두산 부근에 심한 가뭄이 들어 농사를 지을 수 없게 되자, 가족은 흰색과 분홍색 꽃 한 그루씩을 가지고 만주로 이주를 하였다. 십여 년이 지난 어느 날 장성한 아들은 뒷산에 나무를 하러 갔다가 독사에 물려 죽고 말았다. 슬픔을 잊기 위해 이들 부부는 아들을 앞마당에 묻고서 다시 고향으로 돌아왔다. 그런데 설상가상 남편은 아내가 갖고 싶어 하던 벼랑 끝의 꽃을 따주려다 발을 헛디뎌 낭떠러지 아래로 떨어졌고. 이를 지켜 본 부인은 혼절하고 말았다. 얼마의 시간이 지난 후 "엄마! 엄마!" 부르는 소리에 깨어나 보니 그 모든 것이 꿈이었다. 허전한 마음에 집 앞 뜰에 나와 보니 밤새 하얀 꽃이 분홍색으로 변해 있었고. 추금은 "흔들리는 내 마음을 다시 잡아주기 위해 죽은 남편이 꿈에 나타났구나."하고 마음을 다시 고쳐 잡았다. 시간이 흘러 장성한 아들은 무과시험을 보기 위해 한양으로 떠났고, 그때 오랑캐들이 쳐들어와 홀로 있는 추금을 만주로 끌고 갔다. 그런데 끌려간 만주 오랑캐 두목의 집은 꿈속에서 남편과 함께 살던 바로 그 집이 이었고. 두목은 추금을 아내로 삼으려고 매일 찾아와 열쇠를 수며

졸랐다. 그때마다 추금은 열쇠를 밖으로 내던져 버렸다. 한편 무과에 급제한 아들은 뒤늦게 이 사실을 알고 병사들과 함께 만주로 와서 어머니를 구출해 냈고 추금은 아들에게 "이 집이 네 아버지가 끝까지 나를 지켜 주신 집이다."하고 밖에 나가 보니 열쇠가 떨어진 곳, 바로 꿈속에서 아들을 묻었던 곳에 보라색 꽃이 피어 그 꽃을 캐어서 가슴에 품고 고향으로 돌아와 행복하게 살았다는 이야기이다.

이 과꽃은 과부를 지켜 주었다 하여 그리 부른다고 하는데 이는 설화와도 맥이 닿고 있다. 독일의 점술占術 중에 꽃잎을 한 장씩 떼어내면서 '나를 사랑한다. 사랑하지 않는다.'를 반복하면서 최후에 한 장이 남아 있을 때 사랑한다와 사랑하지 않는다 하며 어느 쪽에 해당하는가를 맞추는 사랑점이 있는데 이 점술은 괴테의 희곡 '파우스트'에서 마가렛이라는 소녀가 과꽃을 가지고 사랑의 점술을 치는 장면으로 인해 더욱 유명해졌다. 이 꽃을 보면 동요 '올해도 과꽃이 피었습니다. / 꽃밭 가득 예쁘게 피었습니다. / 누나는 과꽃을 좋아했지요.'하는 어효선의 노래가 떠오른다. 이렇게 동요로도 불리던 과꽃을 요즘은 만나기 힘들다. 가정집 화단이나 거리의 화분에는 형형색색의 외래종 꽃들이 자태를 뽐내고 있을 뿐, 은은한 색깔의 얌전한 이 '과꽃'은 어느덧 옛 꽃이 되어 뒷전으로 물러나고 말았다. 어쩌다 만난 과꽃을 젊은이들에게 보여주어도 국화로 인식할 정도이다. 하긴 국화를 닮았다 하여 당국(혹은 당구와)이라 불렀으니 착각할 만도 하다. 이제 과꽃이란 이름조차 점차 사라지는 것 같은 느낌이다. 과꽃은 여러 색깔이 합쳐진 것처럼 복합적이고, 은은한 색상을 띤다. 시인 윤제철은 「과꽃」이란 시에서 '여태껏 시치미 떼고 / 초록빛 몸뚱어리로 살면서 / 언제 삼켜 두었는지 / 짙은 분홍빛 꽃잎을 / 여러 겹 겨워냈구나. / 가슴을 열고 / 하늘 맑은 물에 / 묽게 녹아내는 / 가을 인사말. / 어렸을 적 바라보던 / 부러운 옷 색깔을 / 들길 따라 입은 꽃.'이라고 읊조리고 있다. 과꽃의 은은함을 표현하며 추억을 되짚어보는 회상의 시이다. 의인화 수법으로 쓴 이 시는 다정한 어느 대갓집 여인을 보는 듯하다. 본능을 굳은 이성의 힘으로 이겨내 지아비의 혼을 지키며 가정의 행복을 일군 전설 속의 추금의 모습은 조선조가 아니더라도 홍문紅門받을 만한 여인상이 아닐까.

이 꽃은 겉으로 화려하나 속으로는 아픔을 지녔다. 전설 속 이야기가 해피엔딩 된 것은 다행이지만 이도 인간이 만든 이야기이고, 그 삶의 실제는 신만이 아는 비밀이다. 어느 스님이 인간을 두고 모든 인간은 장애인이라고 한 말이 이 꽃에도 해당되는지 모르지만 세상만물은 시간이 지나며 모두 장애를 겪는다고 한다. 시들고 힘이 빠지고 그러다 스러지는 것이 만상萬象이라고 한다.

구슬붕이

꽃말 기쁜 소식

하늘에 빗금 치며 아기별이 내려왔다

안개 속에 또르르 굴러서 구슬 됐다

마음을 당겼다 푸는 요요한 요정이다.

중국 삼가호라는 호수에 하늘의 용이 내려와 앉았는데 물이 말라버려 제대로 숨을 쉬지 못하고 죽을 운명에 처했다. 이 때 마을 주민들이 이웃의 연못에서 물을 길러다 용이 승천할 수 있도록 이 호수에 물을 채워주어 용은 승천하였다. 이듬해 호수주변에 보라색의 처음 보는 꽃이 피어났다. 그 뿌리의 맛을 보니 너무 쓴 맛이 났다. 마을 사람들은 용이 보낸 약초로 생각하고 병든 사람들에게 이 풀을 먹이니 병이 깨끗이 나았다. 그 후 곰의 쓸개보다 쓴 이 풀을 용의 쓸개인 용담(龍膽-구슬붕이)이라고 하였다는 전설이 있고, 우리나라 전설로는 옛날 금강산에 심성 고운 나무꾼이 살았는데 그는 사냥꾼에 쫓기는 노루, 사슴을 많이 구해주었다. 어느 날 땔감을 구하고 있는데 토끼가 눈을 헤치고 무엇을 캐고 있어 물어보니 주인의 약을 캔다고 하고 사라졌다. 그는 이상해 그 뿌리를 입에 대보니 몹시 썼다. 속았다싶을 때 산신령이 나타나 네가 약한 짐승을 많이 구해줘 네게 내리니 가서 이 뿌리로 약을 빚으라 하였다. 그는 그 뿌리로 약을 빚어 잘 살게 되었다는 이야기가 있다.

구슬붕이. 요정의 이름 같지 않은가. 실제로 이 꽃은 숲의 요정만 같다. 저마다의 빛깔과 모습으로 우리에게 생명의 아름다움을 전해주고 있다. 식물은 땅에 뿌리를 박고 사는 생명이라서 움직일 수 없지만 씨를 통하여 이사는 할 수 있다. 씨가 되어 여기저기 이사 다니며 뿌리를 내린 구슬붕이는 이른 봄에 가을부터 쌓인 낙엽더미에서 마치 빛나는 구슬처럼 핀다. 아마도 봄날 산길에 파란 보석이 땅에 떨어진 듯 반짝이는 그 앙증맞음에서 아마도 그리 이름이 붙여진 듯하다. 용담과에 속하는 이 구슬붕이는 우리나라와 일본, 중국에 분포되어 사는 두해살이풀로 산과 들 비탈지고 양지 바른 곳의 비옥한 토양에서 잘 자란다. 이 꽃은 관상용으로 많이 기르고 있다. 이 꽃을 두고 이상인 시인은 「봄 구슬붕이 꽃」이란 시에서'고흥 천등산 자락/ 봄이면 슬그머니 얼굴을 내민 이들 / …… 올해도 서럽게 고운 봄은 와서 / 천등산 양지바른 산자락마다 / 서둘러 파란 별들이 피어났는데 / 기쁜 한 소식 기다리듯 / 하루만 또 하루만 그렇게 떠 있다가 / 슬그머니 지고 있다.'고 하여 이 꽃을 인간과 자연에 비유하여 고단한 삶을 살다가 떠나는 별로 표현하여 보여주기도 한다. 우리들이 하루하루 그래도 희망을 품고 살지만 매일 반복되는 아쉬움이 있듯 이 꽃도 그러함을 표현하고 있다. 내 눈에 비친 구슬붕이 꽃은 깊은 산골에 별이 떨어져 해맑게 웃는 것만 같다. 이 꽃은 봉오리가 포속으로 숨어들어가 보랏빛과 푸른빛이 절묘하게 조화를 이뤄 피어나 우리에게 신비감을 자아내주고 있다. 누가 뭐래도 이 꽃은 계절의 요정이다. 보면 볼수록 눈에 삼삼 어리는 꽃이다. 구슬붕이는 꽃보다도 약재로 유명세를 타고 있다. 뿌리는 한약재로 간과 담의 열이 생겼을 때 간과 담의 열을 내려주고 항암효과가 있는 우리 몸에 유익한 약초라고 한다. 그러나 맛이 쓰다. 논어에 좋은 약은 입에 쓰나 병에는 이롭다良藥苦口利於病 했는데 이 뿌리가 쓴 것이 바로 그 좋은 약이란 증거인가 보다.

구절초

꽃말 순수, 어머니 사랑

가을바람 올을 뽑아
짜놓은 모시치마
자락 펴고 향기 도는 글 한 폭을 받는데

때마침
낙관을 들고
서성이는 산새들

아주 오랜 옛날 옥황상제를 보필하는 어린 선녀가 꽃을 좋아한 나머지 상제의 보필에 소홀해 그만 지상으로 쫓겨나게 됐다. 지상에 내려와서 살던 선녀는 가난하고 시를 즐기는 시인을 만나 결혼해 행복한 날을 보내고 있었다. 아름다운 선녀의 미색이 입소문을 타고 고을 사또의 귀에 들어갔다. 욕심 많은 호색한인 사또는 그녀를 차지하기 위해 온갖 꾀를 다 내다가 그녀의 남편을 불러다 시 짓기 시합, 말 타기시합 등을 했다. 그러나 모두 지자 사또는 선녀를 잡아다 옥에 가두고 모진 협박과 회유를 하였다. 선녀는 절개를 지킨 채 거절을 하였고 이 일이 의금부에 알려져 풀려날 수 있었다. 그러나 풀려난 선녀는 시름시름 앓다가 죽어 결국 옥황상제가 있는 천상으로 돌아갔고 남편도 너무 슬퍼 그녀를 따라서 죽고 말았다. 이듬해부터 그들의 집주위에는 가을이 오면 피어나기 시작하는 하얀 꽃이 있었다. 천상의 선녀가 그토록 좋아했던 구절초였다.

구월구일에 피는 꽃이라고 하여 구절초라 부른다고 하고, 아홉 마디 자라서 꽃이 핀다고 구절초라 이름을 지었다고도 한다. 꽃잎이 산뜻한 것이 맑은 가을 하늘에 대비되어 그 모습이 청초하다. 구절초는 알뜰히 누가 심어 관리하지 않아도 비탈길이나 언덕 위, 깊은 산속에서 스스로 힘으로 잘 자란다. 누가 보아주지 않아도 꽃은 피고지고 피고 져 다음해에도 그 다음 해에도 연방 꽃을 피운다. 그렇게 생명력이 강하다. 또한 멀리 지나는 사람에게도 그 향기를 맡을 수 있게 향이 진하다. 그렇게 아름답고 향기로운 꽃이다. 하얀 꽃이 오고가는 사람들에게 바람 따라 몸을 흔들면, 지나는 이들은 자연스레 발길을 멈추게 된다. 모든 꽃은 절정기가 있어 한철을 지나면 추하게 시들어 떨어진다. 그러나 이 꽃은 늦가을 서릿발이 내릴 때까지 꿋꿋한 아름다움을 잃지 않는다. 인간도 이 꽃처럼 삶의 끝자락까지 아름다웠으면 얼마나 좋을까. 이 구절초를 두고 눈물의 시인 박용래는 시 「구절초」에서 '단추 구멍에 달아도 / 머리핀 대신 꽂아도 좋을 사랑아 / 여우가 우는 추분秋分 도깨비불이 / 스러진 자리에 피는 사랑아 / 누이야 가을이 오는 길목 / 매디 매디 눈물 비친 사랑아'라고 표현하여 구절초를 애잔한 사랑의 화신으로 삼고 있다. 꽃이 사랑이 되고 있다. 대부분 시적 비유는 추상어가 구상어로 비유되는데 여기선 그 반대가 되고 있다. 구절초에 대한 서정이 담뿍 들어 있다. 아주 쉽게 이해되는 서민성이 돋보이는 시이다.

그러나 이 꽃을 보면 그 청초함이 천상의 어느 선녀를 만난 듯하다. 아니, 솔솔 맑은 입김으로 살갗을 간지럽히는 입술이 예쁜 여인을 본 듯도 하고, 지절志節 곧은 정경부인貞敬夫人을 본 듯도 하다.

글라디올러스

꽃말 정열, 열정, 밀회, 비밀, 조심, 경고

수줍음이 이글대고 봄바람이 활활 탄다
꼬치고기 굽듯이
피어난 꽃송이들
벼리는 검 끝에 꽂혀 번갯불을 튀긴다.

아주 먼 옛날 마음씨 착한 공주가 있었는데 몸이 허약하여 병에 시달리다 죽게 되었다. 공주는 죽으면서 임금에게 예쁜 향수병 2개를 주며 병을 절대로 열어보지 말고 자기 무덤 곁에 묻어달라고 했다. 임금은 공주를 무척 사랑하였기에 공주가 죽자 공주의 부탁대로 하녀를 시켜 무덤 옆에 묻어주라고 했다. 하녀는 병을 묻기 전에 너무 궁금해 병 하나를 몰래 열어봤다. 그러자 병속의 향기가 다 날아가 버렸다. 하녀는 당황하여 병 2개를 공주의 무덤 곁에 얼른 묻어주었다. 다음 해에 향수병을 묻었던 곳에서는 2개의 꽃이 자라서 피었다. 그런데 하나는 좋은 향기가 나고, 다른 하나는 향기가 나지 않았다. 임금은 하녀의 행위를 알아내고는 하녀를 죽여 버렸다. 그러자 향기가 나지 않던 꽃이 붉게 핏물이 들었다. 향기가 나는 꽃은 백합이라 하고 핏물이 들은 꽃은 글라디올러스라 한다.

이 꽃은 붓꽃과에 딸린 여러해살이 화초로 원산지는 남아프리카와 지중해 연안이다. 가을에 알뿌리를 심으면 이듬해 봄부터 여름에 걸쳐 꽃이 피고, 봄에 심으면 여름부터 가을까지 꽃이 핀다. 날렵하게 뻗은 잎이 무사의 검을 닮아 라틴어의 '검(ladius)'을 어원으로 하여 글라디올러스라는 꽃 이름을 갖게 되었다고 한다. 서양에서는 꽃대에 달려있는 이 꽃송이의 수로 연인들끼리 약속시간을 정했다는 이야기가 전해져 온다. 꽃송이가 두개면 2시라고 한다. 이 꽃을 탄생화로 한 사람은 자유로운 사고와 창의력의 소유자라고 한다. 섬에 갇혀 있다가 밀납 날개를 달고 날아올랐는데 하늘과 바다 중간을 날라고 한 경고를 무시하고 너무 높이 자유롭게 날다가 태양의 열기에 날개가 녹아 바다에 떨어져 죽었다는 그리스 신화의 이카로스와 같이 항상 기존의 틀을 벗어던져 버리고 위험을 감수하면서까지 자신만의 시도를 멈추지 않으며 자유로운 사상으로 일생을 살아간다고 한다. 자유 영혼의 소유자라 하겠다. 그러나 너무 자유로우면 탈이 날 성싶다. 지나침은 부족함만 못하다는 말을 가슴에 새길 필요도 있을 듯하다. 꽃이 줄기에 연달아 핀 그 생김새는 얼핏 보면 꼬치고기를 연상하게 한다. 그런데 이름이 특이해서 일까. 우리말이 아니라서 그런지 자꾸 꽃 이름을 잊어버린다. 우리말 꽃 이름 하나쯤 지어주고 싶다. 생김새대로 '입술 꼬치 꽃'이 어떨까. 임미옥 시인은 「글라디올러스」란 시에서 '나 홀로 타네. / 머언 그대의 눈빛 아래서 / 나신裸身으로 타오르네. // 신神의 정열이 담긴 예지의 눈빛으로 / 푸른 촛대에 붙인 순정의 불꽃이 되어 / 하늘과 땅 사이 / 공허한 시공의 장막을 / 속 시원히 태워 버리네.'하였다. 이 꽃을 시인은 순정의 불꽃으로 보고 있다. 그만큼 세상을 깨끗이 태우는 듯한 열렬한 사랑의 모습을 시인은 이 꽃에서 보았나 보다. 하지만 어찌 보면 비수匕首를 치켜든 한 품은 여인만 같아 한편으로는 섬뜩하기도 하다. 하지만 꽃 자체는 화려함 속에 더할 나위 없는 여림과 가냘픔을 지니고 있다. 인간은 궁금증엔 못 견디는 동물인가. 궁금증이 생사도 가르는 비수가 될 줄 이야. 이 꽃엔 궁금증과 목숨을 바꾼 전설 속 하녀의 운명이 서려 있다.

금은화

꽃말 우애, 헌신, 사랑의 동반자

허공에 팔을 뻗쳐 밧줄 타는 곡예사

금은 빛 향기로 타고난 기량 가꿔

아찔한 골짜구니도 뛰어넘는 계집애

옛날 어느 부부가 쌍둥이를 낳았는데 두 딸이 너무 예뻐서 언니는 금화金花, 동생은 은화銀花라고 이름을 지었다. 그런데 어느 날 갑자기 언니 금화가 열이 심하게 나면서 얼굴과 몸이 온통 붉게 되었다. 의원을 급히 불렀지만 의원은 "이것은 열병으로 약이 없습니다." 라는 말만 할 뿐 치료를 포기하였다. 결국 언니 금화는 동생 은화가 정성껏 간호했지만 세상을 떠나게 되었다. 며칠 뒤 동생 은화도 역시 같은 병을 앓다가 거의 죽게 되었다. 은화는 자신의 앞에서 눈물을 흘리고 있는 부모에게 "저희들은 비록 죽지만 죽어서라도 열병을 치료할 수 있는 약초가 되겠습니다."라는 말을 남기고 세상을 떠났다. 1년 후 두 자매가 죽은 무덤에서 이름 모를 노란색 꽃과 흰 꽃이 피었는데 처음 필 때는 흰색이었다가 점점 노란색으로 변하는 것이었다. 또 얼마 후 바로 그 마을에 두 자매에게 걸렸던 열병이 돌았는데 그때 마을 사람들은 그 꽃을 달여 먹고 낫게 되었다. 그래서 마을 사람들은 그 꽃을 언니와 동생 이름을 합해서 '금은화金銀花'라고 이름을 지었다.

금은화는 인동초이다. 이름 그대로 잎이 추운 겨울을 이겨낸다고 하여 인동초忍冬草라고 부르고, 그 꽃을 인동 꽃이라 부른다. 인동초는 모두 우리나라 숲가, 구릉지 또는 인가 주변에서 잘 자란다. 겨우살이덩굴의 하나로 겨울에도 줄기가 마르지 않고 추위를 견딘 다음 봄에 다시 새순을 낸다. 요즘 인동 꽃이나 인동 순을 따서 차茶로 끓여 마시는데 향기와 맛이 뛰어난 편이라서 찾는 사람이 꽤 있다고 한다. 이 꽃은 끈질김의 대명사이다. 줄기는 여린 듯 억세어 나무를 감고 오르면 그 나무 숨통도 죄어 시들게도 한다. 세상 만물에 이기적인 목숨을 가지지 않은 것이 없지만 이놈도 그 으뜸 자리를 다투어 겨룬다. 자기 성장을 위해서는 죽은 나무, 산

나무를 가리지 않고 악착 같이 감고 오른다. 자기 출세를 위해서는 물불을 가리지 않는 인간의 모습을 흉내 내는 것일까. 아니면 인간이 인동초의 습성을 배워서 써먹는 것일까. '살을 찢는 매운바람 몰아쳐 와도 깃 같은 잎을 세워 한결 푸르리. / 아슬한 벼랑 온통 얼음 깔려도 / 쉬지 않고 그 위로 기어오르리. / 이 겨울 다 하도록 끝끝내 인동忍冬하고 살아남으리. / 봄이 오면 금은화金銀花 곱게 피워서 / 회청回青의 하늘 가득 향기 뿜으리. / 내 오늘 인동초로 산다.'라는 김상훈의 「인동초」란 시가 있다. 꽃 이름을 연상하며 쓴 시로 주변에 깔린 역경을 이겨내고 봄을 맞아 피는 꽃의 속성을 잘 잡아 쓴 것이다. 요즘 청소년을 두고 흔히 인내심이 부족하다고 질타하는데 참말로 좀 나약하기는 하다. 우리도 어릴 때 그런 소리를 들은 것 같다. 그러나 강도는 다르다. 옛날엔 싫어도 어떤 일에 닥치면 눈물을 머금고 했는데 요즘 젊은이는 왜 그렇게 하느냐는 생각을 가지고 있다. 마음 자세가 예와 같지 않다. 태어날 미래의 청소년은 어떨지 모르겠다.

꽃무릇

꽃말 이룰 수 없는 사랑

몇 생을 못 만나봐
애 닳아 흙이 되네

태양이 지나다가 느닷없이 불 지르네

고추 빛 화염이 솟아
재도 없이 활활 타네.

아주 오랜 옛날 소나기가 장대처럼 내리던 어느 날 불공을 드리러 왔다가 나무 밑에서 비를 피하고 있는 한 여인이 산사 깊숙한 토굴에서 용맹 정진 하던 젊은 스님을 보자마자 한 눈에 반했다. 결국 이들은 사랑에 빠져 수행도 불공도 멈추고 가슴앓이 하며 이루어 질 수 없는 사랑 병을 앓다가 석 달 열흘 만에 여인은 상사병으로 피를 토하며 죽었다. 그러자 스님은 그 여인을 사모하며 쓰러진 토굴 앞에 풀을 심었는데 이 풀은 선홍색 아름다운 꽃을 피웠다. 그러나 열매는 맺지 못했다는 이야기와 스님을 사모하여 불가로 출가하겠다는 딸을 억지로 결혼시켜 마음에도 없는 사람과 살게 해 이루지 못하는 사랑에 홀로 애태우다 죽은 여인의 넋이 꽃이 되었다는 이야기가 있다.

사랑은 생명의 원천이고, 한 생명이 사는 원동력이라고 한다. 세상의 모든 생물은 사랑 속에 태어나 사랑으로 성장하고 사랑을 느끼며 제 나름의 역할로 세상을 살아간다. 사랑에는 즐겁고 들뜬 사랑에서부터 애절하고 슬픈 사랑까지, 무조건적 사랑에서 마음으로 반대급부를 기다리는 사랑까지 천차만별이다. 그러나 사랑은 조건이 없는 사랑이 순수하고 진정한 사랑이라고 한다. 동물들은 물론이고 식물까지도 어미가 자식 사랑하는 것 빼고는 이런 사랑은 드물다. 모두 무언가를 바라는 게 보통이다. 그렇다면 꽃무릇은 어떤 사랑을 기대하고 피고 질까. 아마도 그냥 한번만 보았으면 하는 간절함뿐일까. 아니면 저도 다른 식물처럼 씨를 맺기를 바라고 있을까. 이 꽃을 보면 태생적 아픔의 옹이가 맺혀 있어 보는 이들 마음을 아리게 한다. 이 꽃은 어쩌면 서로를 그리워 애태우다 그냥 삭아 흙이 되니 그 흙 위에 태양이 저 닮은 번개를 쳐서 그 번갯불이 활활 불꽃을 일으켜 재도 없는 사랑을 언덕바지에서 태우고 있는 듯하다. 그래서 많은 시인들이 이를 애상적으로 노래하고 있다. 이런 상호불상견相互不相見의 마음을 잘 표현한 시인은 박종영이다. 그는 「꽃무릇」이란 시에서 "그냥 임을 가늠하고 솟아올라도 / 꽃대는 푸른 잎 감추고 너를 이별하고 / 네 생애 단 한 번도 / 찬란한 얼굴 보지 못하는 청맹과니 슬픔으로 / 붉은 눈물 뚝뚝 / 지상에 흩뿌려 한이 되겄다. // 오늘도 강산은 핏빛이네, // 하늘빛 싸리꽃 너머 / 흔들리는 억새 춤을 / 불타는 네 가슴에 안겨주랴."하여 꽃과 잎이 만나지 못하는 것을 애인끼리 만나지 못하는 상황으로 설정하고, 붉게 피는 꽃을 눈물로 바꿔 애절한 이별의 아픔을 표현하고 있다. 아마 이 지상에 이런 이별이 존재하기는 하늘의 별 따기만큼이나 어려울 성싶다. 어쩌면 윤회 환생의 피눈물이 붉은 아픔으로 변성變性되어 이 꽃을 피우는 것일까. 실제론 약간 다르지만 이 꽃을 상사화라고도 부른다. 꽃무릇과 상사화는 한 집안 식물이고 삶 자체가 유사하기에 그리 불린다.

꽃창포

꽃말 우아한 마음, 좋은 기별

저 눈웃음 보시게나
내 걸음을 붙잡네

물속에 발 담그고 옷고름 빼문 선녀

도톰한 저 입술 보시게나
내 마음을 흔드네.

하늘의 선녀가 무지개 타고 땅 위에 심부름 왔는데 심술궂은 구름이 무지개를 걷히게 하였다. 무지개가 걷히자 선녀는 그만 하늘로 올라가지 못하고 이 세상에서 꽃으로 변하게 되었다는 설화가 있다. 또 그리스 신화에 하늘을 다스리는 제우스는 부인 헤라의 시녀인 아이리스의 미모에 반해 유혹하였다. 이에 아이리스는 재치 있게 유혹을 뿌리쳤다. 단념할 수밖에 없는 제우스는 "아이리스야! 너는 참 심지가 굳은 여자로구나"하며 그녀에게 선물로 무지개 목걸이와 향기로운 입김을 뿜어 주었는데 그 입김이 서린 물방울 몇 방울이 땅에 떨어졌고 떨어진 그 자리에 아름다운 꽃이 피어났다는 전설이 있다.

꽃창포란 이름은 꽃빛이 무지개처럼 찬란하다고 하여 붙여진 이름으로 그리스 이름으로는 '아이리스'이다. 이 꽃은 단옷날 머리 감는 창포와 혼동하면 안 된다. 그 창포와는 전혀 다른 식물이다. 다만 잎이 창포를 닮아 꽃창포라는 이름을 지었을 뿐이다. 잎의 모양이 창포와 비슷하지만 꽃잎이 없어 꽃이 거의 보이지 않는 창포와 달리 화려한 꽃잎을 가지고 있어 꽃창포라 부른다. 한방에서는 꽃창포의 뿌리와 줄기를 '옥선화玉蟬花'라 하여 장기간 음식소화가 안되어 일어나는 복부 팽만증과 복통에 효력을 있고, 이뇨작용이 있어서 전신이 붓는 증상을 해소시킨다고 한다. 그런데 붓꽃과 꽃창포도 구분이 쉽게 안 되기에 사람들은 자주 같은 것으로 혼동한다. 그러나 이 둘은 확실히 다르다. 꽃무늬로 이를 분별할 수 있는데 붓꽃은 꽃의 안쪽에 반원모양 점이 찍혀 있는 조갯살 같은 화려한 무늬가 있는 반면 꽃창포는 꽃의 안쪽에 역삼각형의 노란무늬가 있을 뿐이란다. 어찌하여든 이는 잘 혼동되어 같은 것으로 인식되고 있다. 일본에서는 이 꽃창포 그림이 많은 사랑을 받고 있는데 한국에서는 꽃창포에 대한 전통 한국화 그림이 그리 많지 않고 소원하다. 오히려 사군자의 난초 그림이 많다. 선비들이 좋아한 매란국죽의 영향이 일반이 즐기는 화투에 영향을 미친 것으로 파악되는데 일본 붓꽃(꽃창포) 그림이 한국 화투로 넘어오면서 5월 난초가 되었다고 하니 요상하게 재미있는 현상이다. 현실참여시를 많이 쓴 신동엽 시인이 드물게 쓴 서정시로 「창포」란 시가 있는데 그는 여기서 '축축한 찬비는 주룩주룩 내리는데 / 찬 유리창에 이마를 기대이고 / 남색 외로운 창포만 바라본다. / 빗줄기 속에 떠올랐다간 조용히 숨어버리는 / 못 견디게 그리운 모습 / 혈맥을 타고 치밀어오는 애수 고독 적막 / 눈물이 조용히 뺨을 흘러 나린다. / 찢기운 이 마음 우수 짙은 빗줄기 속을 방황하는데 / 한결 저 꽃에서만 설레이는 이 가슴에 / 정다운 속삭임이 / 아아, 마구 뛰어나가 꽃잎이 이즈러지도록 / 입술에 부벼 보고 싶고나. / 미칠 듯이 넘치는 가슴에 / 힘껏 눌러보고 싶고나.'이라고 하여 창포를 못 견디게 그리운 어느 여인으로 환치하여 표현하고 있다. 그 여인은 누구일까. 시 속 화자에게 '창포'는 어떤 의미의 누구일까. 바로 주룩주룩 내리는 빗줄기 속에 떠올랐다간 조용히 숨어 버리는 못 견디게 그리운 모습은 어떤 여인의 얼굴과 겹쳐졌을 것이다. 그렇기에 화자는 애수 고독 적막을 느껴 눈물을 흘렸을 것이다. 화자는 분명 창포와 겹쳐진 어느 여인을 떠올리며 마음이 찢어졌고 지금 우수 짙은 빗줄기 속을 방황하고 있다. 이 시 제목

'창포'는 '꽃창포'로 시 속의 그 여인은 멀리 떠나간 어머니요, 애인일 수 있다. 우수에 젖은 신 시인의 시심을 투영하여 살펴볼 수 있다. 아름다움은 신의 마음까지도 달구는 용광로인가 보다. 어느 존재도 함부로 범접 못할 영원한 눈짓인 듯도 하다.

이 꽃창포는 프랑스의 나라꽃이며 서울 도봉구의 상징화象徵花이기도 하다. 또한 이 꽃은 음악의 성인 베토벤이 좋아하던 꽃 중의 하나로, 그가 사랑하는 연인을 만나러 갈 때는 꼭 이 꽃창포를 들고 갔다는 이야기도 있다.

나리꽃

꽃말 깨끗한 마음, 고귀, 순결, 순수, 무죄

새봄 맞아 앙가슴에 고인 꿀젖 넘친다

달콤한 젖샘에 흐르는 향기 높다

벌 나비 품에 들어와 젖꼭지 빨아댄다.

아득한 옛적에 시골마을에 아름다운 처녀가 어머니와 행복하게 살고 있었다. 어느 봄날 처녀가 산마루에 올라 햇나물을 뜯고 있었다. 그 때 말을 타고 그 곳을 지나던 건달 고을원님아들이 처녀의 아름다움을 보고 말을 멈추고 함께 고을로 가자고 했다. 처녀는 어머님께 말씀을 드리고 가자하였다. 어머님이 이 말을 듣더니 어서 이곳을 피하자며 딸을 이끌고 깊은 산 속 절로 내달아갔다. 스님은 성주의 횡포에 큰 의분을 느끼고 있던 터라 두말없이 그들 모녀를 숨겨 주었다. 길에서 처녀를 기다려도 오지 않자 원님아들은 그들 집으로 갔다. 집은 텅텅 비었다. 모녀가 도망친 것을 안 원님아들은 곧바로 절로 달려가 문 열라고 호통 쳤다. 늙은 스님은 법왕님의 명령이니 열 수 없다고 했다. 원님아들은 병졸을 시켜 문을 부수고 처녀를 말에 태워 고을로 데려갔다. 관문을 들어서자 처녀가 울음을 그쳤다. 원님 아들은 이제 말을 들으려나 보다고 안도의 숨을 내쉬며 그녀를 말에서 내려 주자 생긋 웃고 말에서 내린 그녀의 모습은 다시 보이지 않았다. 다급해진 원님의 아들은 이리저리 찾는데 저만큼 멀리 수풀 속에 나리꽃 하나가 다소곳 고개를 숙이고 피어 있었다. 놀란 성주의 아들은 그 순간부터 환골탈태하여 자기의 잘못을 깊이 깨닫고 다시는 마을 처녀들을 건드리지 않고 정직하고 올바르게 살며 그 '나리꽃' 을 소중히 키웠다 한다.

나리는 백합과에 속하는 향기 짙은 꽃이다. 뜰에 몇 송이만 피어 있어도 온 집안을 향내로 뒤덮는다. 집밖에서도 코를 찌르는 그 향내로 사람들의 발걸음을 머뭇거리게 한다. 마치 향 지뢰를 터뜨려놓은 듯하다. 그 파편에 맞고 무심한 사람은 없으리라 생각한다. 사람의 마음을 휘어잡는 마력의 꽃이다. 겨우내 차돌 같이 언

땅 속에서 알뿌리로 혹독한 냉기를 견디며 어둠 속에 갇혀 지내다 봄볕 받고 탈출하여 만들어낸 꽃봉오리가 나리꽃이다. 이 꽃은 흰색, 빨강, 노랑, 연분홍 등 여러 색으로 피지만 아무래도 나리는 흰색이 제격이다. 모든 색을 수용할 수 있는 순수 그대로의 색으로 함부로 범접 못할 맑음과 기품이 있기 때문이다. 그래서 꽃말도 그리 맑고 깨끗하게 지어진 모양이다. 이 꽃은 향기뿐 아니라 그 색깔도 현세에서 가장 으뜸이 될 성싶다. 시인 백승환은「나리꽃」이란 시에서 '사랑하는 이를 생각하면 / 겹겹이 에워 싼 초록그늘 떨치고/ 홀로 붉게 피어나는/ 나리꽃이 되고 싶어진다.// 수줍어 고개는 떨구어도/ 제 안의 뜨거운 사랑만은 어쩌지 못해/ 초록의 숲 위로 환한 꽃등 켜는/ 점박이 나리꽃'이라고 하였다. 나리꽃을 수줍음 타는 꽃, 뜨거운 사랑을 품은 꽃으로 점박이로 세상을 밝히는 꽃등을 켜고 있다고 시인은 보면서 자기도 그런 나리꽃이 되고 싶다고 하고 있다. 아마도 이 시인은 빨강색 나리꽃을 보고 이 시를 지었나 보다. 하늘을 올려다보며 피고 더러는 땅을 굽어보며 고개 숙여 피는 꽃이 나리꽃이다. 이는 조금은 떳떳하고 조금은 겸손을 떠느라고 그러는지 모르겠다. 이 꽃 전설은 인간의 선악은 마음에 달려 있음을 보여주고 있다.

나팔꽃

꽃말 덧없는 사랑의 굴레, 결속, 허무한 사랑

울타리를 타고 앉아

바람 나팔 불어댄다

구색 맞춘 천상의 곡

빈 하늘을 채운다

앙가슴 폈다 오므리니

반나절이 저문다.

아주 먼 옛날 한 고을에 그림을 매우 잘 그리는 화공이 살았는데 그 고을을 다스리던 원님의 귀에 화공의 부인이 천하절색 이라는 소문이 들어갔다. 원님은 그의 부인을 빼앗기 위해 화공의 여인에게 억울한 죄명을 씌워 옥에 가둬버렸다. 부인을 빼앗겨 억울하고 분한 마음에 화공은 매일 밤낮을 허공만 바라보다가 결국에는 미쳐버렸다. 화공은 오직 집 안에만 틀어박혀 그림만 그리고 지냈다. 한 장 한 장, 그림이 완성되자 옥 밑에 작품을 묻은 후 그 자리에서 죽어버렸다. 간밤에 남편 꿈을 꾼 부인이 이상히 여겨 아침에 창을 열어보고 밖을 내다보았더니, 그곳에는 남편의 넋이 변한 아름다운 나팔꽃이 피어 있었다.

견우화牽牛花 · 견우 · 구이초狗耳草 · 분증초盆甑草 · 천가天茄라고도 하는 꽃으로 나팔처럼 생긴 통꽃이다. 그래서 나팔꽃이라 명명하였다. 빛깔은 품종에 따라 홍색 · 백색 · 청백색 · 홍자색 · 청자색 등 여러 가지가 있다. 아침 일찍 피었다가 낮에는 오므라든다. 전체에 거친 털이 있으며 줄기는 덩굴져 길게 뻗어 다른 식물이나 물체를 왼쪽으로 감아 올라가면서 자라고 밑을 향한 털이 있다. 관상용 · 약용으로 이용된다. 예로부터 민간에서는 나팔꽃에 잎이 많이 붙어 있을 때 뿌리에서 20cm쯤 잘라서 말려 두었다가 동상에 걸렸을 때 이것을 달인 물로 환부를 찜질하였다 한다. 이 나팔꽃은 담장이나 나뭇가지 등 하늘을 향하여 타고 오르는 성질이 있어 마치 어느 점령군처럼 올라가 승리의 나팔을 불려고 꽃이 그리 생긴 모양이다. 바람 부는 날에는 바람소리로 승리의 나팔소리를 온 천지에 울려 퍼지게 하는 게 아닐까. 정호승 시인은 「나팔꽃」 이란 시에서'한쪽 시력 잃은 아버지/ 내가 무심코 식탁 위에 놓아 둔/ 까만 나팔꽃 씨를/ 환약인 줄 알고 드셨다.// 아침마다 창가에/ 나팔꽃으로 피어나/ 자꾸 웃으시는 아버지'라고 하여 시력을 잃으신 아버지가 나팔꽃이 되어 기분 좋은 하루를 열고 계심을 표현하고 있다. 웃음 치료사들은 웃음으로 만병을 낫게 할 수 있다고 하는데 아버님의 시력을 잃고 느끼는 우울과 좌절이 웃음이 되고 있으니 얼마나 다행스러운 일인가. 나팔꽃은 어둠 속에서도 태양을 느끼고 대낮에도 어둠을 감지하는가 보다. 어느 꽃보다도 일찍 꽃 문을 열고 나와 아침을 맞이하지만 어느 꽃보다 일찍 꽃 문을 닫고 어둠을 보지 않는다. 이는 나팔꽃이 지닌 숙명이다. 이 꽃은 호기심도 많아 몇 바람의 실을 타고 오르기도 하고 가시철망이나 전깃줄에도 겁 없이 감아 오른다. 네 집, 내 집의 개념이 없다. 뻗고 싶은 대로 뻗어가다 크고 작은 장애물도 거리낌 없이 타고 넘어가는 지혜도 있다. 아마 억압을 탈출하는 지혜를 체득하고 있나 보다. 우리는 흔히 정부나 국회의 대변인을 나팔수에 비유한다. 많은 사람들에게 뭔가를 선전하고 알려주기 때문이다. 그들이 부는 나팔소리가 빼빼마른 자기선전이 아니라 꽃처럼 향기를 품은 말들이었으면 좋겠다.

냉이 꽃

꽃말 사무치는 그리움, 그대에게 바친다.

꽃대 올려 하얀 꽃을
깃발로 꽂는다

방그레 웃음 향을
두메에 펄럭인다

불현듯 혓바닥에다
새봄 한 채 심는다.

당나라 숙종 황제 무렵에 승상 왕윤의 셋째 딸 왕보천은 자태가 아름답고 성품이 단정하여 흠모하는 총각들이 아주 많았다. 그녀가 시집갈 나이가 되었을 때 아버지한테 말하기를 수를 놓아 만든 공繡球을 던져서 그것을 받는 사람을 남편으로 삼겠다고 하였다. 승상 왕윤은 사윗감을 정하기 위해 높고 화려한 누각을 짓고 누각이 완공되는 날 뭇 젊은이들을 누각 아래 모이게 하고, 그녀는 누각 위에서 자신과 결혼하기를 원하는 수많은 젊은이들을 내려다보며 공을 던졌다. 모든 젊은이들이 그 공을 받으려고 다투었는데 제일 높이 뛰어올라 재빨리 그 공을 낚아 챈 이는 거지총각 설평귀였다. 그녀가 설평귀를 몰래 사랑하여 일부러 설평귀가 받을 수 있도록 미리 연습을 해 두었기 때문이다. 그녀는 승상께 설평귀와 결혼하겠다고 졸랐다. 아버지는 딸이 거지 청년과 결혼하는 것을 끝까지 허락하지 않았다. 어쩔 수 없이 그녀는 한 밤중에 집을 빠져나와 설평귀와 장안 남쪽 오전파라는 곳으로 도망가서 함께 살았다. 그러나 얼마 되지 않아 서량 국이 당나라를 침략하였다. 전쟁이 나자 설평귀는 서량군을 물리치려 출병한 당나라 군대에 들어갔으나 서량국 군대에 사로잡혀 말을 관리하는 직책을 맡았다. 전쟁이 끝나도 설평귀가 돌아오지 않자 고향 사람들은 그가 전사했을 것이라고 했다. 그러나 그녀는 설평귀가 반드시 돌아올 것으로 믿고 한요寒窯란 고을의 산 속 동굴에서 18년을 냉이를 뜯어 먹으며 주린 배를 채우고 허기를 달랬다. 설평귀는 서량국에서 혁혁한 전공을 세우고 장수가 되고 나중에 서량국의 임금이 죽자 임금이 되었다. 설평귀는 임금이 되자 고향으로 가 산속 동굴에서

18년 동안 설평귀를 기다리면서 혼자 살고 있던 그녀를 만났다. 둘이는 얼싸안고 몹시 기뻐하였다. 설평귀는 그녀를 궁궐로 데리고 와 정실 황후로 맞이하여 백년해로百年偕老했는데 부인의 생명을 이어준 냉이를 무척이나 고마워하며 모든 백성들에게 냉이를 먹으라는 명령을 내렸다고 한다.

들판 밭둑이나 묵은 밭에서 추운 겨울을 이겨내고 꽃샘추위 뒤통수에 붙어 자라는 구완 식물로 국을 끓이거나 무쳐 먹는 봄철의 대표적인 나물이다. 봄철 바구니에 창칼을 하나 들고 들에 나가 몇 줌만 뜯어다가 된장을 넣고 보글보글 끓여낸 냉이국은 봄내음 물씬 풍기는 대표적 계절음식이다. 특히 1950년대는 우리가 요즘 TV에서 보는 빈곤국 어린이들을 보듯 그 때는 우리도 그들 못지않은 궁핍 속에 살았다. 그 때 쑥과 함께 목에 풀칠하는 대표적 음식이 냉이였다. 지금은 입맛으로 먹는 음식이 되었지만 그 때는 생명을 잇는 필수 음식이었다. 60년대 전반까지도 별로 달라지지 않았다. 오늘 우리가 잘 살게 되고 유람하듯 많은 이들이 해외여행을 다니게 된 그 바탕은 우리의 의식을 일깨운 1970년대 이후 새마을운동 덕분이다. 농경생활에 빠져 있던 우리를 공업시대로 이끌어 오늘의 세계 10대 경제대국이 된 것이다. 우리는 이를 잊어서는 안 된다. 이근배 시인은 시 「냉이꽃」에서 '어머니가 매던 김 밭의 / 어머니가 흘린 땀이 자라서 / 꽃이 된 것아 / 너는 사상을 모른다. / 어머니가 사상가의 아내가 되어 / 잠 못 드는 평생인 것을 모른다. / 초가집이 섰던 자리에는 / 내 유년에 날아오던 / 돌멩이

만 남고 / 황망 하구나 / 울음으로도 다 채우지 못하는 / 내가 자란 마을에 피어난 너 / 여리운 풀은'이라고 어머니에 대한 추억과 어려운 시절 냉이에 얽힌 어린 시절의 정서를 표현하고 있다. 그 때의 봄날은 우리 이웃에게는 부황나는 계절이었다. 밭둑이며 산 고랑을 호미자루 움켜쥐고 누비며 냉이 캐 바구니에 담는 풍경은 낭만적으로 보면 한 폭의 동양화이지만 생존을 위한 치열한 몸부림이었다. 봄이면 부황 들어 죽는 이도 더러 생겼는데 이 냉이는 그것을 피해가는 약이 되기도 하였다. 이 시를 읽으면 냉이가 오버랩 되며 가난에 시달리던 그 옛날의 농촌 풍경이 그림처럼 지나간다. 요즘은 잘 먹어 배가 나오지만 그 때는 못 먹어 배가 나왔다. 이는 몇 날을 굶다가 한꺼번에 어른 사발로 곱빼기를 먹으니 자연 그리 된 것이다. 이렇게 하고 이 아이들은 또 몇몇 날을 굶는 것이 일상이었기 미리 대비한 식습관이 되어버린 것이다. 서글픈 현실이었다.

능소화

꽃말 여성, 명예, 자만

생살 위에 핏물이
홍건히 고인 꽃들

담에 기대 저마다 경고등警告燈을 켜든다

차가운 불빛도 잠들면
통째로 넋이 뚝!

아주 옛날 소화라는 복숭아 빛 예쁜 궁녀가 살고 있었다. 어느 날 임금의 눈에 띄어 하룻밤을 보내고 빈의 자리에 올랐는데 어찌 된 일인지 이후에는 임금이 한 번도 찾아오지 않았다. 궁궐의 한 쪽에 마련된 처서에서 찾지 않은 임금님을 오매불망 기다렸다. 그러나 워낙 많은 임금의 여자들이 시기 질투에 음모가 많아 점점 궁 깊은 처서로 밀려났다. 이제나 저제나 임금이 찾아줄까 기다리며 혹여 발자국 소리라도 나면 담장에 기대 서성이며 기다렸지만 임금은 오지 않았다. 어느 여름날 기다림에 지친 소화는 영양실조와 상사병으로 세상을 뜨게 됐다. 그는 죽기 전에 자신이 죽으면 오가는 임금 얼굴이라도 보게 담장 옆에 묻어달라고 했다 소화가 죽자 그리하였더니 그녀가 묻힌 담장 밑에서 뭔가가 싹이 나 자라났다. 바로 능소화였다.

고즈넉한 옛 시골 돌담, 삭막한 도시의 시멘트 담, 붉은 벽돌담은 물론 죽은 나무 산 나무도 가리지 않고 담쟁이덩굴처럼 빨판으로 무엇이든 가리지 않고 달라붙어 기어올라 아름다운 꽃 세상을 연출한다. 꽃은 그냥 주황빛이라기보다 노란빛이 많이 들어간 붉은빛이다. 화려하면서도 정갈한 느낌이 든다. 나팔모양의 꽃은 색상이 화려하며 점잖고 기품이 있으며 줄기는 큰키나무나 벽을 감고 올라가는 성질이 있다. 이 꽃은 꽃송이가 어찌나 촘촘하게 피는지 여름날 강가에서 수영을 하고 마른 황토언덕에 한바탕 뒹굴어 황토가 닥지닥지 달라붙은 그 모습을 연상하게 한다. 이런 이 꽃의 모습을 시인 김명옥은 「능소화가 담장을 넘을 때」란 시에서 '표정 없는 담장 더듬다가 / 후끈 달아오른 얼굴 // 앞 못 보는 벌들 / 발 동동 구르고 / 담장 밑에는 / 수군수군 / 낮술에 불콰한 얼굴들.'이라 표현하여 능소화의 담 타오르는 습성과 붉게 핀 꽃모습을 낮술에 취한 얼굴로 시화하여 보여주고 있다. 이 꽃에 대한 속설에 이 꽃가루에는 독이 있어 눈에 들어가면 실명한다고 하는데 실은 그렇지 않다고 한다. 꽃술에 독은 없고 다만 수술이 갈고리처럼 생겨서 눈에 들어가면 붙어서 잘 빠져나오지 않다보니 그게 때로 부작용을 일으키기도 하여 그런 말이 생겼다고 한다. 집에 몇 년 전에 젓가락만한 것을 담 밑에다 심었더니 어느새 어린아이 팔뚝만큼 자라 담장 밖까지 가지를 뻗고 다닥다닥 꽃을 흐드러지게 피워내고 있다. 우리 집 담장은 마치 제 차지란 듯이 당당하다. 그런데 지난 늦가을 자기밖에 모르는 막말장이가 이웃집에 이사해 왔는데 담 넘어 이 이웃집으로 자꾸 넘으려 해서 혹시 이 예쁜 꽃이 안 들어도 될 험한 욕을 먹을까봐 그쪽으로 기웃대지 말라고 열심히 전지하고 붙들어 매주고 있다.

다래꽃

꽃말 깊은 사랑

보기도 죄스러운 아이보리 엷은 입술

점박이 혀 내밀어 재롱을 피운다

고와도 너무도 고운 천상의 영유아들

옛날 어느 마을에 '다래'란 예쁜 처녀가 살았는데 그녀는 동네 도령 '남식'과 소꿉친구로 사이좋게 놀았다. 둘이는 산으로 들로 양반집 뛰어다니며 놀면서 다래는 산딸기, 오디, 머루 등을 따서 도령에게 주면 도령도 맛있게 잘 받아먹었다. 도령이 13세가 되자 도령의 아버지는 공부는 않고 놀기만 한다고 꾸짖으며 지금부터는 밖에 나가지 말고 집에서 열심히 공부하면서 과거시험 준비를 하라고 엄명을 내렸다. 그리고 별당을 지어 선생님을 모시고 공부하게 하였다. '다래'는 하루도 도령을 안 보면 그리움에 가슴이 메어 그만 도령 생각에 시름시름 앓다가 병을 얻었다. 그러나 그리움이 사무쳐 아픈 몸을 이끌고 매일 도령이 공부하는 별당 담장 밖에서 도령 글 읽는 소리를 듣곤 했다. 그런데 그만 병이 깊어져 죽어버렸다. 사람들은 '다래'를 가엾게 여겨 도령이 글을 읽는 별당 옆에 고이 묻어주었더니 이듬해 봄 줄기가 긴 덩굴나무가 돋아나 도령을 바라보듯 담장 위에서 꽃을 피우고 가을에는 열매도 맺어 도령이 따먹도록 했다. 이는 다래의 넋이 도령이 그리워 돋아난 식물이라 여겨 사람들은'다래나무'라 했다는 설화이다.

다래는 마트에서 흔히 보는 키위의 조상이 되는 과일이다. 원래 우리나라를 비롯한 동아시아가 원산지이다. 그런데 산에서 야생으로 자라던 다래가 선교사 등을 통해 원산지 중국에서 다른 대륙인 뉴질랜드로 넘어가 서양 과일 키위로 키워졌다. 키위란 이름을 얻게 된 것은 뉴질랜드 최고의 열매라는 뜻으로 뉴질랜드 국조國鳥로 보호 받고 있는 '키위' 이름을 본떠 만들어졌다고 한다. 이 다래는 머루와 함께 우리 고유의 대표적 산과일이다. 깊은 산골짜기의 양지와 음지에서 모두 잘 자라고 추위에도 잘 견디는 생명력이 끈질긴 나무다. 요즘처럼 크고 맛있는 과일이 없었던 옛날 사람들한테 머루와 다래는 매우 귀중한 과실이었다. 그래서 고려 속요인 청산별곡에도 '살어리 살어리랏다. 靑山애 살어리랏다. 멀위랑 다래랑 먹고, 靑山애살어리랏다. 얄리얄리 얄라셩 얄라리 얄라'한 것 같다. 민속에 다래나무 지팡이를 짚고 다니면 요통이 없어진다는 말도 있는데 글쎄 모르겠다. 나무 자체가 물러 잘 부러지는데 그게 지팡이 값을 할지 의문이다. 우리 집에도 다래나무가 있다. 몇 년 전에 산에서 캐어 작대기만한 것을 심었는데 이놈의 생장능력이 어찌나 왕성한지 몇 년이 지나자 장단지만하게 커버렸고, 열매도 제법 주렁주렁 많이도 매달고 있었다. 그런데 올해는 거름이 부족했던지 열매도 듬성듬성 열렸고, 거기다 주변 꽃나무들 밑까지 점령하여 그들도 못 살게 굴뿐 아니라 나무도 벌레가 좀먹듯 파먹어 볼품이 없어졌다. 할 수 없이 베어내기로 작정하였다. 나무도 늙으니 볼품이 없고 병증도 생겨 저리 목숨 줄이 잘리는구나 생각하니 마음이 허전하다. 아무래도 그 자리는 또 다른 꽃나무들이 환히 메워 주리라. 마치 구세대가 가고 그 자리를 신세대가 차지하듯.

다알리아(Dahlia)

꽃말 깊은 사랑

해맑은 가을볕을 곱게 빻아 가루 내어
분첩으로 양 볼에 발그레 바르고
더없이 무르익어서 요염 떠는 저 아씨

나비야 제발 너무 가까이는 가지 마라.
네 고운 입술에 그리움이 서리고
저 아씨 숨은 바람기 옮으면 어쩐다니.

나폴레옹의 왕비 조세핀은 정원에 다알리아를 심어놓고 늘 자랑하면서 남에게는 한 뿌리도 주지 않았다. 그런데 다알리아를 너무 갖고 싶어 한 어느 귀부인이 정원사를 꾀어 다알리아를 몰래 캐어다 자신의 정원에 심었다. 이 사실을 안 조세핀은 불같이 화를 내며 그 부인과 정원사를 멀리 내쫓고 다알리아를 모두 뽑아버렸다. 정원사는 조세핀에게 자신만의 정원에서 피는 다알리아는 행복한 다알리아가 아닙니다. 진정 행복한 다알리아는 가난한 사람들까지 보고 탄성을 지르게 하는 그런 다알리아입니다란 말을 남기고 멀리 떠났다 한다.

영국의 고고학자들이 이집트 피라미드를 연구하던 중 한 미이라를 발견하였다. 그 미이라는 손에 꽃 한 송이를 쥐고 있었는데 공기와 접촉하는 순간 그 꽃이 산산조각 났다. 그 꽃을 다시는 볼 수 없었다. 아쉬운 마음에 근처를 자세히 보니 떨어진 몇 알의 씨앗이 있었다. 이를 영국으로 가지고 와 심었더니 싹이 나고 자라서 피었다. 그런데 당시 꽃들 중에 같은 수종이 없었다. 그래서 이 꽃 재배에 관여했던 스웨덴 식물학자 '다알(A. Dahl)'의 이름을 따서 다알리아라고 이름 붙였다고 한다. 한국에는 1912~26년에 도입된 것으로 알려져 있는데 2,000가지 정도에 이른다고 하니 입이 벌어진다. 그래 그런지 꽃은 흰색 · 노란색 · 빨간색 · 자주색 등 다양하다. 화단에서 잘 자라며 꽃은 늦여름부터 서리가 내릴 때까지 피어 우리의 눈을 즐겁게 한다. 꽃은 우아하고 아름답다. 사람마다 차이는 있을망정 자기 손에 쥔 것은 놓지 않으려고 한다. 어떤 이는 권력을, 어떤 이는 명예를, 어떤 이는 돈을 움켜쥐려 한다. 그러나 그런 것들은 씨앗이 없고, 향기가 없어 시간이 흐르면 자신을 비참하게 만들기도 한다. 그러나 씨앗이 있는 꽃은 언젠가 다시 피어날 수 있기에 아름다움을 대물림하여 새 생명의 거룩함을 자랑한다. 현재의 씨앗은 어둠속에서 빛이 보이지 않지만, 언젠가는 어두운 껍질을 깨고 아름답게 다시 태어날 수 있기에 희망의 빛이 된다. 정지용은 시 「다알리아」에서 '가을볕 째앵하게 / 내려 쪼이는 잔디밭. // 함빡 피어난 다알리아. / 한낮에 함빡 핀 다알리아 // 시악시야. 네 살빛도 / 익을 대로 익었구나. // 젖가슴과 부끄럼성이 / 익을 대로 익었구나. // 시악시야. 순하디 순하여다오. / 암사슴처럼 뛰어다녀 보아라. // 물오리 떠돌아다니는 / 흰 못물 같은 하늘 밑에. // 함빡 피어나온 다알리아. / 피다 못해 터져 나오는 다알리아.'라고 하였다. 과연 한껏 핀 다알리아는 농염한 처녀의 모습을 빼닮았다. 그래서 가슴을 설레게 한다. 팽팽한 젊음이 그렇고, 주체 못할 붉은 정열이 또한 그렇다. 이 정렬적인 꽃을 조세핀이 혼자 보겠다는 건 욕심이며 비인간적이다. 사람은 나를 위해 살지만 남을 위해도 사니까. 다른 이도 보며 함께 즐겨야지. 과한 욕심은 버려야 한다.

달맞이꽃

꽃말 기다림, 밤의 요정, 소원

소쩍새 울음 타고
달빛이 밀려오면

화들짝 잠을 깨는 여름밤의 님프들

이슬로 눈썹 씻으며
어둠을 몰아낸다.

아주 먼 옛날 고대 그리스 신전에서 그 누구보다 별을 사랑하는 요정들 중에 홀로 별보다는 달을 더 사랑하는 요정이 살고 있었다. 밤중에 뜨는 달만 기다리는 이 요정은 달 주변에서 밝게 빛나는 별들 때문에 달을 보기가 어려워 무심코 "별이 모두 없어졌으면……그럼 매일 매일 달을 볼 수 있을 텐데……."라고 말을 했다. 이 혼잣말은 곁에 있던 다른 요정들의 귀에도 들어가게 되었고 누구보다 별을 사랑하는 요정들은 화가 나 제우스에게 곧바로 달려가 이 사실을 전했다. 이에 제우스도 화를 내며 달을 사랑하는 요정을 달이 보이지 않는 곳으로 쫓아버리고 말았다. 나중에 이 사실을 알게 된 달의 신 아르테미스는 자기를 좋아했던 요정을 찾아 헤맸지만 이마저 제우스의 방해로 인해 만나지 못했다. 결국 달을 사랑했던 요정은 너무나 지친 나머지 병들어 죽게 되었고 요정이 이미 죽은 후에야 찾아온 달의 신 아르테미스는 눈물을 흘리며 요정을 땅에 묻어줬다. 그제야 미안한 마음이 든 제우스는 요정의 영혼을 꽃으로 만들어줬는데 이 꽃은 달을 따라 밤에만 꽃피우는 달맞이꽃이 되었다고 한다.

달맞이꽃을 보면 분내 풍기며 서 있는 묘령 여인의 기다림과 투명한 외로움이 느껴진다. 달빛 은은한 밤 아리게도 곱게 핀 꽃. 어쩌면 고요한 밤 반딧불이 넋이 옮겨 붙은 듯하다. 그래서 신비롭고, 그래서 정감이 간다. 세상의 강기슭을 채워줄 듯 피어난 달맞이꽃. 그 풍성함에 마음이 흐뭇해진다. 그러나 가슴엔 고독을 고이게 하는 것 같고, 조금은 신비스럽고 조금은 촌스러운 느낌을 지울 수 없다. 오묘한 느낌의 꽃이 이 달맞이꽃이 아닐까. 바람

흐르는 소리가 귓가를 간지럽힌다. 시인 김용택은 「달맞이꽃」이란 시에서 '이 산 저 산 소쩍새는 / 저리 울어 / 못 견디게 그리운 달 둥실 떠오르면 / 징소리같이 퍼지는 달빛 아래 / 검은 산을 헐고 / 그리움 넘쳐 내 앞에 피는 꽃 / 달맞이꽃'이라고 하여 고적한 밤 봄의 한을 품고 사는 소쩍새 울음을 타고 달이 뜨고, 그 달빛이 징소리 같이 퍼지면 검은 산으로 환치된 어둠은 연하게 사라지고 그 틈서리에서 그리움 품어 안은 달맞이꽃이 시인 앞에 피어난다고 시적 정서를 펼치고 있다. 인과因果에 의한 시상이 이 시에 나타나고 있다. 달빛 같은 그리움이 하양, 연분홍, 노랑으로 퍼져 피어나는 꽃이 달맞이 꽃이다. 이미지는 가녀린데 그 생명력은 끈질긴 꽃이 이 꽃이다. 전설에서 달만을 사랑한 요정은 욕심이 화를 부른 것 같다. 늘 욕심은 화를 만드는 불꽃이다. 그러나 우리에게 욕심을 버리고 살라 하는 것은 인간의 본심을 잃고 살라는 형벌일지 모른다. 욕심은 때로 보다 나은 내일을 여는 열쇠가 되기도 하니 남에게 폐를 끼치지 않는 창의적인 욕심은 적당히 부려도 괜찮은 게 아닐까.

대추 꽃

꽃말 처음 만남

꼬맹이 꽃일망정
그냥 필 리 없습니다

바람 몇 점 번개 몇 점 찍어먹고 난 다음

초승달 눈곱을 떼어
총총 매단 겁니다.

손곡마을에 조선 선조 때 효자 효선이가 살았는데 효선이는 아버지가 병환으로 드러눕자 온갖 수발을 다 드리면서 병간호에 힘썼다. 어느 날 아버지가 날 대추를 자시고 싶다고 했는데 때는 엄동설한이라 잎도 떨어지고 열매도 없을 때여서 날 대추를 구할 수가 없었다. 효성이 지극한 효선은 아버지가 먹고 싶어 하는 날 대추를 구하지 못함을 슬프게 여겨 집 앞에 있는 대추나무를 안고 밤새도록 울부짖었다. 날이 새고 동쪽이 밝아 오자 대추나무에 붉디붉은 대추가 수십 개 열려 있었다. 효선의 지극한 효성에 하늘이 감동하여 기적을 낳은 것이다. 효선은 즉시 나무에 올라가 날 대추를 따다가 아버지에게 드리니 그 대추를 맛있게 드신 아버지는 병이 씻은 듯이 나았다. 효선의 효성이 널리 알려져 하늘이 낳은 효자라고 칭찬이 자자하였다. 그 후 효선은 타계하고 대추나무만 무성하게 자랐는데 그 어느 해 앞개울에 다리를 놓기 위해 무지한 사람들이 이 대추나무를 베어서 다리를 놓았더니 그 이듬해 여름에 대 홍수가 났다.

대추나무도 물살에 떠내려 갈 것만 같았으나 오히려 마을 위로 거슬러 올라오는 것이다. 이 광경을 본 마을 사람들은 효선공의 효성이 다리의 유실을 막아 주었다고 생각하고 원래 대추나무가 섰던 자리에 단을 쌓고 그 대추나무를 다시 세웠다 한다.

대추 꽃은 지극히 작고 색깔도 잎과 비슷해 얼핏 보아선 구별이 잘 안 된다. 거기다 진한 향기도 없어 시인묵객詩人墨客의 칭찬을 받은 적도 없다. 더더욱 시가詩歌의 소재로도 등장하지 못해 세상에서 조금은 소외된 듯한 꽃이다. 이 꽃은 봄꽃이 다 자취를 감추고 신록이 산천을 덮는 소만小滿을 전후해서 연녹색 잎이 나고 망종芒種무렵 따가운 빛을 받으면 흰 꽃이 피기 시작하여 하지夏至에 만발한다. 우리의 생활이 현대화되지 않아 어려운 보릿고개를 허우적거릴 때 대추나무에 참새가 앉아 보이지 않으면 보리가 익는다고 하여 알량한 서민들은 그 잎이 빨리 피기를 기다렸으니 지난날의 서글픈 현실이 머리끝을 송연하게 한다.

계획 없이 주위 사람들에게 돈을 빌려 여기저기 빚이 생기면 "대추나무 연 걸리듯 한다."라는 말을 쓴다. 연날리기는 설날에서 보름사이의 추운 날에 하는 민속놀인데 잎이 다진 겨울 대추나무는 잔가지가 많고 가시까지 달려 있어서 빚쟁이에게 줄 돈 뭉치처럼 걸핏하면 연이 잘 걸렸던 탓이다. 대추나무 꽃이 맺은 열매인 대추는 늦봄에서 초가을에 걸치는 짧은 계절 사이에 풋풋한 초록 열매로 출발하여 빨갛게 익는 장년을 거쳐, 가을이 깊어 가면서 온통 주름투성이로 생을 마감한다. 그 모습이 마치 인생의 축소판을 보는 듯하다. 대추는 적자색으로 익으면 그냥 먹어도 당도가 높아 과일로서 제몫을 한다. 뿐만 아니라 제사의식의 기록을 보면, 조선조에 들어서 종묘에 제사를 지낼 때 대추가 빠지지 않았고, 과일을 놓는 순서도 조율시이棗栗柿梨, 홍동백서紅東白西라 하여 항상 대추가 첫 열 첫 번째이다. 그만큼 우리 전통의식傳統儀式과 의례儀禮에서 가장 중요한 위치를 차지하고 있는 것이 대추이다. 대추가 제상祭床의 가장 앞자리를 차리는 순서를 할아버지는 내게 말씀하실 때 왕, 삼정승, 육판서 순서로 하라고 하셨다. 즉 과일의 씨가 하나인 것은 왕이고, 셋인 것은 정승이고 씨가 여섯인 것은 육판서 벼슬로 보고 차리면 된다고 하셨다. 그리고 씨가 여덟인 배나 사과는 팔도로 보고 그 다음 자리에 진설하면 된다고 하셨다. 이렇게 대추는 모든 의식상에 첫 손가락을 꼽을 자리를 차지한다. 그러니 대추를 만드는 대추 꽃도 모든 꽃의 첫째 자리를 차지해야 된다고 여겨진다. 그러나 실은 그렇지 않으니 무슨 까닭일까. 그것은 화려함이나 크기에서나 눈길을 사로잡지 못하기 때문이다. 시인 성백원은 「대추꽃」이란 시에서 '장맛비 사이로 / 작은 고개를 내밀어 / 수줍게도 피었다. // 남들 꽃 피울 때 / 뭘 하고 지내느라 / 살타는 염천에야 피는가. // 삼세번 피운 꽃이 / 빠짐없이 익어서 / 야물게 잉태한 생명 // 철모르고 / 속 태우는 이 반 아이들 / 마지막 꽃잎으로 피어 / 첫째 보다 더 야물고 / 둘째 보다 더 달콤하게 / 나라님 제상을 빛내리라.'하여 시인은 늦게 피는 대추 꽃과 그 열매에 대하여 그 생장과정과 쓰임새를 묘사하여 보여주고 있다. 꽃은 대부분은 봄에 피는데 뒤늦게 여름에 피는 대추 꽃, 그러나 야물고 단단한 열매를 맺어 제상의 첫째 자리를 차지하고 임금의 제상에까지 오르게 하고 있다.

도라지꽃

꽃말 기품, 따듯한 애정

초봄부터 해와 달에 풋정을 바칩니다
무더위 땡볕아래 몸을 푼 도라지꽃
연보라 가슴을 열어 젖내를 풍깁니다

산기슭에 몸 숨기고 돌아앉아 삽니다
뿌리를 다칠세라 웅크린 도라지꽃
향기를 지긋 누르고 가슴을 펴봅니다.

아득히 먼 옛날인 신라시대, 동해 어느 마을에 오빠와 단둘이서 사는 도라지 처녀가 있었는데, 그녀는 이 마을 저 마을 다니면서 허드렛일을 하면서 오빠 공부를 도와주었다. 도라지의 오빠는 그녀가 17살이 되던 해 중국으로 공부를 하러 떠났는데 그날 도라지는 오빠 옷 보따리를 챙겨 주면서 "오라버니. 10년 동안 열심히 노력해서 과거에 급제하고 돌아오시기 바랍니다."라고 말했다. 오빠가 간 후 그녀는 절에 가서 여러 스님들의 심부름을 하며 오빠를 기다렸고, 10년이 지나자 오빠가 중국에서 과거에 급제했다는 소식이 전해와 그녀는 속으로 무척 기뻐했다. 그러나 도라지 오빠는 중국 조정에서 벼슬까지 얻어 정착한 상태여서 10년을 더 기다려야 했다. 세월이 흘러 도라지는 아주머니가 된 어느 날 도라지는 스님과 함께 높은 산에 올라가 바다를 바라보며 '지금이라도 오빠가 돌아오시면 좋을 텐데…….' 하는 생각을 하고 있는데, 그 때 갑자기 등 뒤에서 "도라지야! 오빠가 왔어!"하는 소리가 들렸다. 깜짝 놀란 그녀는 얼른 뒤를 돌아보았으나, 오빠의 모습이 나타나더니 연기처럼 사라졌다. 크게 실망한 그녀는 그 자리에 쓰러져 죽었다. 스님은 도라지의 시신을 양지바른 곳에 장사지내 주였는데 이듬해 무덤에서 작은 보랏빛 꽃이 몇 송이 피어났다. 그 꽃을 사람들은 도라지 처녀의 영혼이 깃든 꽃이라 해서 도라지꽃이라 불렀다.

전국의 산지나 들에서 자라는데 뿌리가 굵고 뿌리에서 모여 나는 원줄기를 자르면 백색 유액이 나온다. 도라지는 예로부터 우리 민족이 즐겨 먹는 산나물이다. 향이 좋고 영양도 좋아 반찬으로 많이 먹는다. 특히 오래 된 도라지는 약효가 뛰어나 산삼과 같다고도 한다. 7~8월에 짙은 하늘색이나 흰색의 꽃이 피는데 도라지꽃은 아주 특이한 성질을 가지고 있어 꽃 속에 개미를 넣은 뒤 꽃잎을 오므려 닫고 좌우로 흔들면 꽃잎이 분홍색으로 변한다. 이것은 개미가 위협을 느꼈을 때 뿜어내는 개미산이 도라지꽃의 안토시아닌이라는 색소와 섞여 색상을 변화시키기 때문이란다. 이처럼 도라지꽃은 산성에는 분홍색으로, 염기성에는 푸른색으로 변하기 때문에 산성과 염기성을 판별하는 '천연 지시약'으로도 쓰였다고 하니 신기하고 신비로운 식물이다. 시인 이해인은 「도라지꽃」이란 시에서 '보랏빛 고운 적삼 / 찬 이슬 머금은 / 수줍은 몸짓 // 사랑의 순한 눈길 / 안으로 모아 // 가만히 떠올린 / 동그란 미소 // …… 내 무덤가에 언젠가 피어 / 잔잔한 연도를 받혀 주겠니.'하여 도라지꽃을 잔잔한 미소가 빛나는 여인네의 모습으로 묘사하면서 죽음 길까지 밝혀주기를 바라는 애잔함을 표출해 보이고 있다. 한적한 산비탈에 남보랏빛 향기를 가득 채워주는 도라지꽃, 그 꽃은 어느 한국 여인을 빼닮았다. 다섯 겹 치마폭을 남색 줄무늬가 쳐진 블라우스를 가려 입었는데 그 고운 옷자락을 바람이 와 흔든다. 아니, 밤을 밝히는 등불이 되어 저만치 펼쳐진 회색마을을 환히 밝히고 있다.

동백꽃

꽃말 기다림, 겸손, 절제, 진실한 사랑

이 세상 그리움을
더 이상은 못 참고

얼음 잔에 독주 따라 핏발 서게 마신 다음

벼랑에
뚝! 져서 뒹구는

선지 빛
바람 넋

500여 년 전 마량의 수군첨사가 꿈에 바닷가에 있는 꽃 뭉치를 키우면 마을에 항상 웃음이 가득하고 번영할 것이라는 계시를 받고 바닷가에 나가보니 그곳에 동백이 있어 증식시킨 것이라 전해진다. 또, 그 옛날 마을 사람들은 뗏목을 타고, 바다에 나가 고기잡이를 하였는데 바다에 휩쓸려 돌아오지 못하는 일이 많았다. 그러던 중 남편과 자식을 잃은 한 노파가 그 앞바다에서 용이 승천하는 것을 보고 용왕을 성심으로 위해야 이런 화를 면하리라 생각하고 백발노인의 현몽으로 해안사장에서 널槨에 들어있는 선황 다섯 분과 동백나무 씨앗을 얻어 선황은 신당에 모시고 동백나무 씨앗은 주변에 심었다. 그 뒤로 마을 사람들은 해마다 음력 정월이면 이곳에 모여 풍어와 무사안일을 염원하는 제사를 지낸다고 한다. 그러자 바다는 잠잠해지고 풍어가 이루어졌다는 서천의 동백정 전설이 있다.

동백꽃은 그 평가가 엇갈린다. 차가운 겨울에도 추위에 굴하지 않고 꿋꿋이 살아나가기에 청렴하고 정조가 굳고 이상을 지닌 자존심 강한 꽃이라고도 말하는 이가 있는가 하면 어떤 이는 인생무상을 나타낸다고 말하기도 하고 춘사椿事라 하여 예상하지 못한 불행한 일을 암시하기도 한다고 한다. 그래서 병문안을 갈 때는 갖고 가지 않는다고 하니 동전의 양면처럼 동백은 길과 흉을 동시에 지니고 있는 꽃인가 보다.

서천 마량리 동백나무 숲의 동백나무는 수령이 오백 여 살을 넘긴 것이 수두룩하다. 이를 인간으로 치면 우리의 십육 대조代祖쯤

된다. 그럼에도 해마다 싱싱한 이파리 사이로 열정의 핏빛 꽃을 피우고 있다. 이 꽃은 화려하여 사람들의 사랑을 받지만 하루아침에 뚝 떨어지니 사람들 말에 현혹되어 살다 간 여인과 같다하여 농락당한 여인이라고도 한단다. 마량리 동백나무는 몸체가 파이고 옹이진 모습이 많은데 어쩜 폐결핵이라도 걸린 양 피를 토하듯 꽃을 피우고 있다. 동백꽃은 질 때에 꽃봉오리째 마치 오려낸 듯 한꺼번에 떨어진다. 이를 시인 안도현은 「동백꽃 지는 날」에서 '나 오래 참았다 / 저리 비켜라 / 말 시키지 마라 // 선운사 뒷간에 똥 떨어지는 소리.'이렇게 표현하고 있다. 선운사가 있는 선운산도 동백꽃으로 뒤덮이는 산이다. 이를 보고 쓴 시이다. 자연의 이치를 잘 알지도 못하는 인간이여. 참견하지 말라. 이렇게 외치고 있는 것 같다. 대개 절 뒷간은 골짜기를 끼고 있기에 변이 떨어지는 곳이 아득하다. 그래서 좀 과장이기는 하지만 절간 해우소解憂所에서 대변을 보면 허리띠를 매고 나와 한 발짝 떼면 그때서야 첫 대변이 턱! 하고 떨어진다고 너스레를 떨기도 한다. 마치 그렇게 동백꽃이 진다고 표현한 점이 새롭다.

맨드라미

꽃말 건강, 타오르는 사랑, 방패, 건강

닭볏 닮은 붉은 감투
깃을 세워 쓰고 있다.

전생에 신통한 법사法師쯤 지냈는지.

뇌 주름 주름살마다에
명리名利가 빛난다.

충성심과 정의로움으로 황제의 신임을 받는 베르로 장군이 있었는데 간신배들한테는 눈엣가시 같은 존재였기에 간신배들은 계략을 꾸며서 그를 전쟁터로 나가게 하였다. 그가 돌아올 때가 되면 황제를 꼬드겨서 전쟁터에 남아 있도록 하였다. 그러나 베르로는 불평을 하지 않고 전쟁터를 떠돌기 십여 년 만에 황제를 보좌하라는 부름을 받고 로마로 돌아왔다 그런데 베드로 장군은 사치와 허영으로 로마가 흥청거리고 간신배만 들끓어 실망했다. 그는 전쟁터에 다시 나가게 해 달라고 황제에게 고하였다. 그러자 간신배들은 황제에게 이르기를 베르로 장군이 전쟁터로 다시 간다는 것은 군대를 이끌고는 황제의 자리를 넘보기 위함이라고 하였다. 황제는 베르로 장군을 잡아들여 젊고 힘센 삼십 명의 병사와 상대하게 하는 형벌을 내렸다. 끝내 장군은 쓰러졌다. 그러자 간신배들은 황제에게 칼을 뽑아 들었다. 쓰러져 있던 베르로 장군이 다시 칼을 들고 그들을 막아섰다. 간신배들을 모두 처치하고는 황제 앞에서 숨을 거뒀다. 이 때 베르로 장군의 몸속에서 방패처럼 생긴 빨간 꽃이 피어났다. 이 꽃이 맨드라미이다.

맨드라미는 핏빛이다. 한없이 청명해서 아찔하기까지 한 늦여름의 햇빛 아래 피어난 맨드라미꽃은 그 꽃을 피운 마당이나 담 아래의 빛을 삽시간에 빨아들이고 정적을 뱉어 놓는다. 이런 맨드라미는 꽃은 위 부분의 주름진 꽃 모양이 수탉의 볏과 같다하여 '계관화鷄冠花'라고도 부른다. 이 꽃은 열대지방이 원산지인 관상식물인데 곧추 자라는 원줄기는 높이 1m 정도까지 자라고, 가지는 갈라지고 털은 없으며 붉은 빛을 띤다. 관상용으로 많이 심어 가꾸는 꽃이다. 정말 예쁜 여자는 자기가 예쁜 줄 모를 때, 꾸밀 줄 모르는 그때가 가장 순수하고 예쁘다. 맨드라미는 조금 떨어져 보아도 가까이 가 보아도 매 한가지로 어떤 변함도 없이 수수한 미가 넘친다. 미치게 아름답거나 곱지는 않지만 사람의 마음을 끄는 꽃이다. 유난스럽지 않은 정렬의 미가 있다. 어쩌면 선지 핏덩이가 뭉쳐 있는 듯도 하다. 이 맨드라미는 집안에 뱀이 들어오는 것을 막아준다는 속설이 있어 장독대 근처에는 으레 이 꽃이 있다. 아직 열기가 식지 않은 늦여름 한낮의 정적 속에 맨드라미가 난만하게 피어난 모습은 단순한 꽃이 아니라 짓궂게 사나운 여름 햇빛과 겨룬 짐승의 포효하는 모습을 연상하게 한다. 그러나 맨드라미는 가을의 쓸쓸함을 느끼게 한다. 그런데 왜 이름 첫 자에 '맨'자가 들어가 있을까. 혹시 구미歐美쪽의 사람이었나. 좀 엉뚱한 생각이지만 사람이란 뜻의 맨[man]에 아름답다는 '드라미'가 결합된 꽃이 아닐까. 어쩌면 칸트의 서양 철학쯤은 익히고 있었을까. 아니면 성리학을 익히고 있지는 않았을까. 그런 생각도 든다. 그래서 홍신선 시인도 「가을 맨드라미」란 시에서 '긴 여름 / 드높이 간두에 돋우었던 생각의 화염을 / 속으로 속으로만 낮춰 끄고 있노니 // 유배 나가듯 / 병마에 구참久參들 하나둘 자리 뜨는 / 텅 빈 / 가을날'이라고 표현한 것이 아닐까. 점점 서늘해지는 가을날 화려하게 꽃 피우던 것들은 하나 둘 꽃을 떨구고 잎도 떨구어 세상을 떠났는데 그 자리에 외로이 텅 빈 가을을 채워 피는 꽃이 맨드라미이다. 다시 보아도 이 꽃은 지체 높은 조선 선비의 고고한 자태와 기개가 떠오른다.

그런데 왜 이 꽃을 보면 자꾸 기주떡 생각이 날까. 기주떡은 효모를 넣어 만들어 쪄 내면 적당히 부풀어 올라 손으로 뜯어 먹기 좋은 떡이다. 반죽을 네모진 판이나 둥근 모양의 판에 넣고 그 위에 밤 · 석이 · 대추채와 이 맨드라미도 적당히 썰어 넣어 고명 올려 찐다. 송송 구멍이 난 이 떡은 어린 입맛을 자극하던 떡이다. 그러고 보니 난 어릴 적 어머니가 쪄 주시던 기주떡을 통하여 철학이 깃든 지체 높은 꽃을 입맛 다셔 본 것 같다. 내 머릿속에 늘 기주떡 고명 같은 그런 예지가 숨어 있었으면 좋겠다.

메밀꽃

꽃말 연인

휘황한 보름달빛 수십만 섬 툭 터뜨려

들판 돌며 삼태기로 촘촘히도 뿌렸다

깊은 밤 쇠북소리로 퍼지는 하얀 향들

먼 옛날 산중에 홀어머니가 오누이를 데리고 살았는데, 어느 날 어머니가 장에 갔다 오다가 호랑이에게 잡혀 먹혔다. 오누이가 탐난 호랑이는 어머니 행세를 하며 집에 와 '얘들아, 문 열어라. 엄마다'하였다. 목소리가 이상해 손을 넣어보라고 했다. 손에 털이 나 있어 아니라고 하자 가시밭을 다녀와서 그렇다고 변명했다. 이에 속아 문을 열어주니 호랑이가 들어왔다. 겁에 질린 누나는 소변보러 간다고 나가고, 동생은 물 먹고 온다고 나가 뒤곁 우물가 버드나무로 올라갔다. 기다리다 지친 호랑이가 오누이를 찾아 나왔다가 우물에 비친 오누이를 보고 물속 그림자를 잡으려 하자 오누이가 나무 위에서 웃어버렸다. 이에 나무 위 오누이를 발견한 호랑이는 '어떻게 올라갔니?'하자 누나가 '기름을 바르고 올라왔지.'하자 호랑이는 기름을 바르고 올라오려 했으나 미끄러져 떨어지기만 했다. 그 꼴이 우스워 동생이 무심결에 '도끼로 찍으면 쉽게 올라오는데'하자 호랑이는 나무를 찍으며 올라와 오누이 가까이에 왔다. 다급한 오누이는 하느님께 '우리를 살리려거든 새 두레박을 내려주시고, 죽이시려면 헌 두레박을 내려주십사'하고 기도하자 새 두레박이 내려와 타고서 하늘로 올라갔다. 호랑이도 그리 기도하니 헌 두레박을 내려 주어 도중에 떨어져 죽었는데 그 때 호랑이가 흘린 피가 메밀 줄기를 물들여 지금도 붉다는 이야기이다.

메밀꽃하면 이효석을 떠올린다. 그의 단편 '메밀꽃 필 무렵'이 그렇게 만들었다. 달밤에 하얗게 핀 메밀꽃밭은 어쩌면 한겨울 눈이 포근히 내린 들판 같다. 밟으면 사각사각 소리 낼 것만 같다. 하얀 무명 수건을 두른 여인이라도 그 밭둑에 서 있으면 눈사람처럼 느껴지기도 한다.

동화적이면서도 향토적인 냄새가 물씬 풍기는 정경이 눈에 선하다. 메밀꽃을 보면 한낮에도 은근히 내리비치는 달빛이 머릿속에 그려진다. 흰 치맛자락 끌고 뒤뜰에 내려와 담 그림자 옆에 스르륵 옷 벗어놓는 달빛이 메밀꽃에 오버랩 되어 떠오른다. 메밀꽃이 핀 들판을 보고 있노라면 하늘나라에서 그 누군가가 달빛을 잘 빻아 하얀 가루를 낸 다음 수십 섬을 담아다가 쏟아 흩은 것만 같다. 아니, 약수터 생수를 알갱이 만들어 흩어 세상 모든 잡스러움을 씻은 듯 덮어놓은 것 같다. 송수권은 「메밀꽃 밭」이란 시에서 '내 마음 지쳐 시들 때 호젓이 찾아가는 메밀꽃밭 / 습습한 눈물도 씻어 내리고 / 달빛 요염한 정령들이 더운 피의 심장도 / 말갛게 씻어 준다. // 그냥 모양도 형체도 없이 / 산비탈에 엎질러져서 / 둥둥 떠내려 오는 소금밭 / 아리도록 저린 향내 / 먼 산 처마 끝 등불도 쇳소리를 내며 / 흐르는 소리'라고 표현하고 있다. 한적한 시골 풍경에 달빛이 요정이 되어 내려 앉아 메밀꽃인지 달빛 정령의 눈빛인지, 햇살 아래 둥둥 떠내려 온 소금밭인지 구별이 안 되게 융합되어 나타난 메밀꽃밭의 자연 풍정을 노래하고 있다. 순수가 승화昇華하여 티 없는 백색의 순결의 이미지를 만들어 내는데 메밀꽃이 바로 이런 꽃으로 세상을 순화시키는 역할을 한다고 본 듯하다. 무슨 영험한 기운이 돌아 세상을 정적 속에 환한 느낌을 쏟아내 주고 있을 것만 같은 생각이 든다.

명자나무 꽃

꽃말 수줍음, 조숙, 겸손, 설렘

속옷도 붉은 속옷
겹겹이 껴입은 꽃

시리도록 고운 초조初潮 선혈로 내비친다

바람난
사월 봄바람에
눈물이 글썽한 꽃

의붓 누이 명자를 사랑한 남동생의 이루지 못한 사랑, 오누이의 이루지 못할 그 슬픈 사랑이 이 꽃에는 전설로 전하고 있다. 명자는 검은 저고리에 흰 치마를 입었다는데 그 때만 해도 생리대란 것이 없어서 초경을 할 때 잘못하여 흰 치마를 붉게 물들였다고 하며, 화려하고 요염한 매력을 지닌 그 명자의 붉은 빛은 사람의 마음을 매혹시켰다고 한다. 그래서 명자나무는 사람의 마음을 홀린다고 하여 집 안에 심지 않는 민속이 생기게 되었다 한다. 이는 아녀자들이 화려한 의상으로 문밖 나들이를 하면 바람이 난다고 하는 속설에서 유래하고 있다.

명자나무 꽃은 위험한 사랑을 꿈꾸게 하는'사랑의 묘약'이란 애칭도 갖고 있는 꽃이다. 그러나 봄에 피는 꽃 중 가장 붉은 꽃임에도 불구하고 그 모습이 화려하지 않고 청순해보여 경기지방에서는 '아가씨 꽃'이라 부르고, 전라도에서는 '각시꽃' 또는 '산당화'라고도 부른다. 가시가 있어 울타리용으로도 자주 심고 있는데, 요즘은 개량종이 자꾸 나타나 꽃 색깔도 매우 다양하고 화려해지고 있다. 낙엽성 관목으로 봄에 주홍빛 꽃들이 줄기 끝이나 마디 사이에서 다발로 피며 꽃에서는 부드러운 향기가 풍겨 나와 사람들을 불러들인다. 이 꽃나무는 우리나라 및 일본, 중국에 자생하는 세계적으로 단 3종이 있는 전형적인 동양식물이다. 이 나무 가운데 우리나라 대표는 아무래도 크고 우람한 모습으로 흐드러지게 꽃을 피워 그 위용을 자랑하는 덕수궁 뜰의 명자나무가 아닌가 한다. 위의 나무가 바로 그 덕수궁 명자나무인데 임금님이 산책

길에 완상하던 그 나무가 아닐는지. 잘은 모르나 덕수궁 안에 있으니 나무 가운데 궁인임에 틀림없다. 이 명자나무 꽃은 요즘 와서 더욱 많은 사랑을 받아 시문에도 심심찮게 등장하고 있다. 이 명자나무는 그 열매가 모과와 비슷해 모과나무 사촌이라고도 한다. 명자나무 꽃은 봄을 장식하는 대표적인 꽃나무로 꽃나무의 여왕이라고 불릴 만하다. 시인 목필균은 「명자꽃」에서 '붉은 립스틱 벅벅 그어대며 / 그 사람 근무하는 사무실 창에 / 사랑을 고백했다는 / 전설 속의 그녀 // 뜨거운 사랑의 몸짓 / 한 길로만 흐르는 아픔일까 // 겨우내 칭칭 동여매었던 / 가슴앓이 신음소리 / 딱딱하게 굳어진 가지에도 / 붉은 핏물이 방울방울 내비쳤다. // 길어진 햇살 / 남향 창가에 서 있는 / 명자가/ 전설의 그녀가 / 한 몸으로 불타고 있다.'고 하고 있다. 이 꽃의 붉은 몸짓과 사랑의 전설이 시가 되어 나타나고 있다. 사랑은 아픔이라고 누가 말했는지 그 모습이 이 시와 꽃 속에 잔잔히 숨어 흐르고 있다. 이루어지는 사랑이라면 더할 나위 없이 좋지만 이룰 수 없는 사랑은 애잔하고 서러운 눈물샘이 되지 않을 수 없다. 이 꽃엔 가슴 저리는 사랑이 숨어 있다. 꽃의 절정은 지기 직전이라는데 이는 마지막을 아름답게 장식하는 꽃의 미학이 여기 나타나기 때문이다. 인간도 다 그랬으면 좋겠다. 꽃이 지면 쓸쓸해 하는데 꽃은 져야 또 피고 열매를 맺는다. 세상은 그렇게 순화하는 것이 이치이다. 봄도 가을도 머물지 않고 늘 우리 곁을 바쁘게 지나간다. 봄에 꽃들이 폭죽을 터뜨리는가 하면 어느새 꽃비가 내리고 그 꽃 떠난 자리엔 열매가 열린다. 그 열매 떨어져 땅에 묻히면 또 하나의 생명이 탄생을 예고한다. 이렇게 끝없이 순환하는 것이 우주의 섭리이다. 잠시 기쁨을 느끼고 싶다면 명자나무 그늘에서 피보다 붉은 꽃잎을 눈에 담으며 봄의 환희에 잠겨볼 일이다. 시간의 강물은 쉬지 않고 흘러간다. 그 흐름에 우리 인간도 실려 간다. 이것이 우주의 섭리이다. 이제 자연 속에서 자연이 시키는 대로 새로운 인간의 꽃들이 자꾸 피어나기를 기다려야 하겠다. 자연은 인간이 계획한 대로 이루어지지 않는다. 잠시 인간 계획을 받아들일 뿐, 끝까지 이에 순응하지 않는다. 언젠가는 자연 스스로의 모습으로 돌아간다. 인간도 자연이고 보면 너도 나도 그렇다.

모란꽃

꽃말 부귀, 은혜, 존경

피어서 너울대다
뚝 져서 흐너진다.

시리게 붉게 타던 육신은 흙에 묻고

흰 넋만
하늘에 올라
훨훨 자유 누린다.

옛날 중국에 살고 있던 공주님은 사랑하는 왕자가 있었는데, 그 왕자는 전쟁 때문에 전쟁터로 나갔고 홀로 남은 공주는 외로움과 불안한 마음으로 하루하루를 살아가고 있었다. 시간이 지나도 공주가 기다리던 그 왕자는 돌아오지 않았다. 왕자는 전쟁터에서 전사하여 머나먼 이국땅에 묻히고 그 넋이 한 송이 모란꽃이 되었다. 슬픔에 빠진 공주는 힘들게 살다가 왕자가 죽은 자리를 찾아가 모란꽃으로 변한 왕자 곁으로 다가가 자신과 함께 있어달라고 기도를 했고 공주의 기도가 하늘에 닿아 공주를 함박꽃으로 변하게 했다 한다. 그 후로 왕자인 모란꽃과 공주인 함박꽃이 함께 지낼 수 있었다는 전설이다.

원산지는 중국이다. 꽃이 풍성하고 아름다워 '화중지왕花中之王'이라고 한다. 신라 신문왕 때 설총도 왕을 깨우치는 글로 화왕계花王戒를 지었는데 그 화왕이 바로 이 모란이다. 그 외로 '나라에서 가장 빼어난 향'이란 뜻의 '국색천향國色天香' 등으로 불리기도 하였다. 한국과 중국에서는 오래전부터 꽃을 감상하거나 뿌리를 약으로 쓰기 위해 이를 심어 길렀다. 이 꽃의 일화로는 진평왕 때 당나라 태종이 붉은색, 자주색, 흰색의 모란꽃 그림과 세 되의 꽃씨를 같이 보내왔다. 당시로는 신라에는 없고 당나라에만 있는 꽃이라, 아름다운 꽃을 나라 곳곳에 심어 즐기라는 뜻이 담겨 있다. 당나라 사신이 꽃그림을 진평왕에게 바치자 진평왕은 꽃이 아름답다고 감탄했다. 그리고 옆에 있는 선덕여왕에게(당시는 덕만공주) 보여줬다. 선덕여왕은 그림을 보고나서 말했다. "아름다우나 향기가 없는 꽃입니다." 왕이 왜 그러느냐고 물으니, "꽃에 벌과 나비가 없기 때문입니다." 그래서 꽃씨를 심어보니 과연 향기가 없었다는 이야기이다. 그러나 일화에 보이는 기록과는 달리 모란은 너울대는 꽃잎과 노란 꽃술을 자랑하면서 향기를 뿜어내 벌도 나비도 날아들고 있다. 이 꽃은 김영랑의「모란이 피기까지는」으로 유명세를 타고 있다. 화려하게 피었다가 한꺼번에 뚝 지는 그 허무감이 잘 나타난 시이다. 그렇다. 그 큰 꽃잎이 질 때면 붉은 살점 한 점이 움푹 패여 뚝 떨어져 나가는 느낌이다. 그래서 시인 김재진도 「모란」이란 시에서 '섬에서 피는 모란은 바람의 통곡이니 / 그것은 만날 수 없던 날의 / 타버린 심지 같다. / 호랑이 눈 같은 불길 하나 가슴에 안고 / 한 생을 모란같이 살던 사람은 / 모란이 지면 따라서 진다.'고 하여 모란이 한꺼번에 짐을 표현하면서 붉은 모란 꽃잎의 열정적인 모습을 못내 아쉽게 표현해 보여주고 있다. 꽃잎이 질 땐 어디 살 한 점이 뚝 떨어지는 느낌이 들어 가슴이 쿵하기도 한다. 우리 집 정원 한 구석에는 생전에 할아버지가 키우시던 모란의 후손인 모란이 자리하고 있다. 할아버지는 모란을 좋아하셨는데 눈발 날리는 날 모란처럼 뚝 져서 가셨다. 그래서 이 모란을 보면 할아버지가 머릿속에 떠오른다. 아니, 눈에 어린다.

목련꽃

꽃말 이룰 수 없는 사랑, 순고한 사랑

깜깜한 밤 백목련이 줄초상을 치른다
달빛이 짜내놓은 무명천 필로 끊어
소복을 지어입고서 뭇 별들 조문한다

부음 들은 소쩍새 골 돌며 곡을 한다
어둠이 바장대며 뫼 지어 상식하고
밤새워 소소리바람 궤연 감싸 맴돈다.

아주 먼 옛날, 하늘나라에 사는 공주가 어느 날 우연히 북쪽에 있는 바닷가에 놀러 갔다가 그곳의 바다지기를 보고는 그만 사랑을 하게 되었다. 사랑의 열병이 들어 자나 깨나 바다지기 생각뿐이었다. 그렇게 혼자 애를 태우던 공주는 더 이상 그리움을 참지 못하고 몰래 궁궐을 빠져나와 온갖 고생 끝에 북쪽 바다에 이르렀다. 그러나 바다지기 는 이미 다른 사람과 결혼하여 아름다운 사랑을 하고 있었다. 이에 상심한 공주는 그 길로 바다에 몸을 던졌고 뒤늦게 이 소식을 접한 바다지기는 양지바른 곳에 묻어 주었다. 그런데 자신 때문에 공주의 사랑이 이루어지지 못했다고 생각한 바다지기의 아내도 그만 죽어버렸다. 바다지기는 아내를 공주의 옆에 나란히 잠들게 하였다. 뒤에 이 사실을 안 하늘나라의 임금님은 이들을 가엾이 여겨, 공주는 백목련으로, 바다지기의 아내는 자목련으로 다시 태어나게 하였다.

목련木蓮은 연꽃처럼 생긴 아름다운 꽃이 나무에 달린다는 뜻이다. 목련은 봄기운이 살짝 대지에 퍼져나갈 즈음인 3월 중하순경, 잎이 나오기 전의 메말라 보이는 가지에 눈부시게 새하얗고 커다란 꽃을 피운다. 마치 백조 떼들이 새끼를 쳐 옹기종기 무리지어 있는 모습이다. 꽃의 가운데에 많은 수술과 각각 따로 떨어져 있는 여러 개의 암술이 있는데 이런 모습을 두고 식물학자들은 원시적인 꽃의 구조를 가지고 있다 하여 원시식물이라고 말한다. 이 꽃은 지금으로부터 1억 4천만 년 전, 지구상에 첫 모습을 보이기 시작했다 하니 원시란 접두어가 어울릴 만하다. 목련은 뭇 꽃 가운데 앞장서 봄을 알려주는 천진난만한 전령이다. 그래 그 순수덩어리 봄의 전령 모습을 연상하고 있었는지 최창일 시인은 「목련」이란 시에서'그 여염집 부인 / 바람의 둥우리에서 / 겨울 내내 수많은 은장도 들고 있더니 / 마침내 봄날 은장도 쥔 손에서 새떼를 날린다.'고 하여 꽃이 지는 모습을 새떼가 날아가는 모습으로 환치하였고, 여염집 부인으로 수절하는 모습으로 표현하고 있다. 이 목련꽃은 가지 꼭대기에 한 개씩 커다란 꽃을 피우는데 그 고고함과 순백의 색깔로 더욱 높은 품격을 느끼게 한다. 봄에 피는 모든 꽃들이 햇빛이 비치는 남쪽으로 굽는데 이상하게도 이 목련꽃은 북쪽으로 머리를 둔다. 이는 아랫부분이 남쪽의 따뜻한 햇볕에 먼저 닿으면서 세포분열이 반대편보다 더 빨리 이루어져 자연스럽게 끝이 북쪽을 향하게 되었다고 한다. 그래서 이 꽃을 두고 옛날부터 북향화北向花라 불렀다. 꽃을 피우기 위한 목련의 준비는 남다르다. 마치 붓 모양 같은 꽃눈은 목련만의 특별한 모습이다. 겉은 갈색의 긴 털로 촘촘히 덮고 있다. 이는 추위를 견뎌내려고 생태적으로 그리하고 있다 한다. 《동의보감》에는 목련을 신이辛夷라고 하여 꽃이 피기 전의 꽃봉오리를 따서 약재로 사용하는데 풍으로 속골이 아픈 것을 낫게 하며, 얼굴의 주근깨를 없애고 코가 메는 것, 콧물이 흐르는 것 등을 낫게 한다고 한다. 그 티 없이 은은한 아름다움을 지닌 꽃이 인간의 병까지 고쳐주는 일을 한다 하니, 꽃 세계의 편작扁鵲인가 보다.

목련하면 자목련도 있지만 그 대표적인 것은 백목련이다. 이 백목련을 보면 풍만한 여인 생각도 나지만 어찌 보면 초상집 여자

상주들이 하얀 소복 차림으로 한밤에도 분주히 돌아다니고, 그런 꽃이 계속하여 피는 모습은 마치 줄초상을 치르는 듯도 하다. 자연이 벌리는 초상집 모습이기에 봄의 소쩍새마저 소쩍 소쩍 하며 멀리 산속에서 조문을 하고, 어둠은 뫼 지어 상식上食 올리고, 소소리바람은 잠도 없이 밤을 새워 궤연几筵을 지키는 듯도 하다. 일체의 자연이 합일된 모습이다.

무화과

꽃말 풍부, 다산

보여주기 싫어서 뱃속 깊이 꽃을 뱄다

바람에 햇빛을 타 날마다 들이켰다

만삭된 아랫배 열어 핏덩이를 출산했다.

예수께서 베타니아에서 멀리 무화과나무가 있는 것을 보고 열매를 찾았으나, 없기에 실망하여 "이제부터 너는 영원히 열매를 맺지 못하여 아무도 너에게서 열매를 따먹지 못할 것이다"라고 저주

하였던 바, 다음날 제자들이 그 나무가 송두리째 죽었음을 발견하였다는 이야기가 성서에 실려 있다. 또한 무화과 열매를 많이 열게 하는 방법을 농민들에게 로마의 주신酒神 바커스가 가르쳐주었는데 이에 대한 보답으로 바커스의 제삿날에는 여성들이 모두 무화과 열매를 엮은 목걸이를 걸고서 격렬한 춤을 추어 그 넋을 위로한다는 이야기가 있다.

보리수가 부처님과 관련된 나무라면 무화과나무는 예수님과 관련된 나무다. 성경에는 "이브가 그 나무를 쳐다보니 과연 먹음직하고 탐스러울뿐더러 사람을 영리하게 해줄 것 같아서 그 열매를 자기도 따먹고 아담에게도 주었다. 그러나 두 사람은 그들의 눈이 밝아져 자기들이 벌거벗고 있다는 것을 알고 무화과나무 잎을 엮어 치마를 하였더라."하는 창세기의 구절이 있다. 성경에는 60여 차례나 무화과나무가 등장한다고 한다. 무화과無花果는 '꽃이 없는 열매'라는 뜻이다. 그러면 정말 무화과는 꽃 없이도 열매를 맺는 나무일까. 천만의 말씀이다. 하늘을 봐야 별을 딴다는 만고의 진리는 예외가 없다. 무화과나무는 겉으로 꽃을 피우지 않는다. 그래서 한 송이 꽃도 볼 수가 없다. 열매를 따 까보면 그 속에 꽃모양이 형성되어 있다. 누가 와서 넌 꽃이 없는데 열매를 어떻게 맺느냐고 물으니, 무화과나무는 대답했다고 한다. "우리는 꽃을 안으로 피워서 꽃이 보이지 않소." 꽃들은 밖으로 꽃잎을 내놓고 피어야 벌 나비의 도움으로 실한 열매를 맺을 텐데 넌 왜 그러느냐고 또 누가 묻는다면 아마도 무화과나무는 세상이 그같이 한결 같아야 할 이유가 어디 있느냐고 반문할 것만 같다. 오히려 무화과나무는 특출한 세상살이를 즐기는 것이라고 우쭐댈지도 모른다. 꽃 없이 열매 맺는 것은 이 세상에 없다. 무화과는 꽃이 없는 것이 아니고 꽃을 안으로 피워 과육을 만들고 있을 뿐이다. 남들과 다른 삶을 살고 있는 개성적인 과일나무일 뿐이다. 겉으로 꽃이 보이지 않는다고 인간들이 멋대로 이름을 붙여서 무화과無花果라 부른 것이지 스스로를 무화과라 명명해 달라고 조른 적은 없다. 인간들이 자기 눈에 비친 대로 겉으로 꽃이 안 보이니 멋대로 꽃이 없다고 이름을 붙여 그리 불러주고 있을 따름이다. 이런 무화과의 생태를 김지하 시인은 「무화과」란 시에서 그대로 표현해주고 있다. '돌담 기대 친구 손 붙들고 / 토한 뒤 눈물 닦고 코풀고 나서 / 우러른 잿빛 하늘 / 무화과 한 그루가 그마저 가려섰다. // 이봐 / 내겐 꽃 시절이 없었어. / 꽃 없이 바로 열매 맺는 게 / 그게 무화과 아닌가. / 어떤가. // 친구는 손 뽑아 등 다스려주며 / 이것 봐 / 열매 속에서 속꽃 피는 게 / 그게 무화과 아닌가. / 어떤가.' 이 시는 비록 눈에 띄게 화려하거나 요란스럽지는 않지만 열매 속에 꽃을 감추고 거기서 결실하는 과일의 생태를 미적으로 잘 표현하고 있다.

물망초 꽃

꽃말 진실한 사랑, 나를 잊지 마세요.

낯가려서 숨은 얼굴
푸른 멍이 얼비치네.

가까이 다가가니 잊지 마라 속삭이네.

강물에 흘러가버린
그리움은
기척 없네.

옛날 독일에 벨테란 소녀와 루돌프란 기사가 살았는데 그들은 서로가 사랑하는 사이였다. 그들은 날마다 다뉴브 강가를 거닐며 사랑을 속삭였다. 어느 날 강가를 거닐다가 강 언덕에 달빛 아래 핀 가련한 남색 꽃 한 송이를 보았다. 생전 처음 보는 꽃이었다. 벨테는 그 꽃을 꺾어달라고 루돌프에게 부탁했다. 루돌프는 그 청을 쾌히 승낙하고 몸을 굽혀 그 꽃을 꺾어 땄다. 그러나 그만 발을 헛디뎌 강물에 빠지고 말았다. 물은 깊고 물살은 거세어 자꾸 떠내려갔다. 그는 물속에서 허우적대며 꺾은 꽃을 힘껏 여자 친구에게 던져주면서 "날 잊지 마오"라고 외치고는 물에 빠져 죽고 말았다. 그 후로 사람들은 이 꽃을 물망초勿忘草라 부르게 되었다.

물망초는 여러해살이풀로 유럽이 원산지라 한다. 5~6월에 줄기 끝에 하늘색 꽃이 모여 핀다. 이 꽃은 아주 맑은 피부의 소녀를 보는 듯이 투명하고 깨끗하다. 어쩌면 속내까지 다 비춰 낼 듯하다. 누가 건드려 맑은 볼에 엷은 멍이 든 듯이 꽃빛깔은 파르스름하다. 생김새가 전갈 꼬리를 닮았다고 '전갈꽃'이란 별명도 가지고 있다. 이 꽃을 독일 낭만파 시인인 노빌리스는 소설 『푸른 별』에서 인간의 심성 가장 깊이에 자리한 동경憧憬이라고 상징화하여 표현하고 있다.

물망초 꽃은 몸에 지니고 있으면 연인으로부터 절대 버림받지 않는다고 하는 이야기가 있고, 이 꽃을 왼쪽 겨드랑이 밑에 넣어 집에 돌아오며 길에서 처음 만난 사람이 미래의 배우자 이름을 알려준다는 이야기도 전해오고 있다. 민간 신앙으로 전하는 말들이니 그 근거는 없다. 그러나 생각이 낭만적이고 마음을 즐겁게 하는 효과는 있는 성싶다. 그래서 이런 전설과 민담을 바탕으로 김남조 시인은 「물망초」란 시에서'기억해 주어요. / 부디 말 기억해 주어요. / 나야 이대로 못 잊는 연보라 물망초지만 / 혹시 날 잊으려 바라시면은 / 유순히 편안하게 잊어라도 주어요. ~ 사람과 꽃이 / 영혼의 길을 트고 살았을 때 / 미소와 도취만이 큰 배 같던 길 / 당신이 간 후 바람결에 내버린 / 꽃길 연보라는 못 잊는 물망초지만 / 기억해 주어요. / 지금은 눈도 먼 물망초이지만…….' 하여 물망초 꽃을 자기화하여 그리운 마음을 기원 서린 시상으로 전개해 보이고 있다. 여기서의 그리움은 젊은이들이 느끼는 청춘남녀의 사랑, 즉 연모의 정에서 나오는 그리움이다. 물망초를 보면 'Pale blue'라는 창백한 푸른색이 떠오른다. 사랑하는 이에게 꽃을 바치려 했다가 죽음을 맞이한 어느 청년의 영혼이 담긴 꽃이기에 무척이나 연약 해 보이나 참 강한 꽃이다. 한 겨울 내내 밖에서 연약한 잎이 얼었다 풀렸다 하며 견디다가 따뜻한 봄기운이 느낄 때 연둣빛으로 돌아와 줄기 사이에 아주 작은 꽃 봉우리를 한아름 안고 사월이면 하늘빛 꽃들을 작은 바위 위 흙도 물도 없어 보이는 곳에서도 피워낸다. 아주 애잔한 정서를 자아내는 꽃이다.

민들레

꽃말 내 사랑 그대에게 드려요, 일편단심, 부귀

아스팔트 틈 비집고
봄 반란을 일으켰지

짓밟혀도 몸 추슬러 금빛 꽃을 피웠지

해마다 백발 날리며
새 삶터를 일궜지.

경주지방에 내려오는 설화가 있는데 옛날 한 노인이 민들레라는 이름의 손녀와 단 둘이 살았는데 민들레는 열일곱 살이 되어 꽃봉오리처럼 예쁘게 피어나 총각들의 눈길을 끌었다. 부모를 일찍 여의고 혼자 사는 덕이라는 이웃집 총각이 민들레를 사모 했으나 숫기가 없어 속앓이만 하고 있었는데 때마침 냇물 가까이 있던 노인의 집이 홍수로 물에 잠기게 되자 덕이 총각이 얼른 달려가서 노인과 민들레를 제 집으로 모시고 와 사모하던 민들레와 한집에 살게 되고 결국 민들레의 마음을 차지하는데 성공했다. 착하고 부지런한 그는 열심히 일해서 민들레와 노인을 정성껏 부양하며 그와 민들레, 민들레의 할아버지는 행복한 나날을 보냈다. 그런데 그 행복은 나라에서 처녀를 뽑아가는 바람에 산산조각이 나고 말았다. 아직 혼례를 올리지 않은 탓에 민들레도 군졸들에게 잡혀가게 되자 민들레는 저고리 앞섶에서 은장도를 꺼내 자결하였는데 그때부터 마을 길 곳곳에 노란 꽃이 피어나기 시작했고 사람들은 사랑을 지키기 위해서 자결한 민들레의 넋을 기리기 위해 민들레라고 부르게 되었다는 슬픈 전설이 있다.

화무십일홍花無十日紅이란 말이 무색케 하는 아주 흔한 꽃이 민들레다. 민들레는 봄에도 여름에도 더러는 가을에도 핀다. 남향받이 따뜻한 곳에서는 겨울에도 피는 경우도 더러 있다. 겨울 아닌 계절은, 일단 핀 꽃은 반드시 씨를 맺어 멀리 퍼뜨리고야 마는 대단한 종족 번식의 강한 집념을 지니고 있다. 그래서 이 꽃은 도시나 시골을 막론하고 도처에 널리 퍼져 있다. 따스한 봄날이면 만나게 마련인 민들레꽃은 갖은 고난을 이기며 꿋꿋이 살아가는 청순가련한 소녀를 보는 듯 연민이 어린다. 멋과 아름다움과 소박한 소망을 담고 있는 민들레는 어디서나 낮은 자세로 조용히 꿇어앉아 기도하는 꽃이다. 민들레는 가장 낮고 천한 자리에서 기쁨과 감사의 기도를 드리는 모습을 하고 있다. 정호승 시인은 시 「민들레」에서 '민들레는 왜 / 보도블록 틈 사이에 끼여 / 피어날 때가 많을까 // 나는 왜 / 아파트 뒷길 / 보도블록에 쭈그리고 앉아 / 우는 날이 많을까'하면서 민들레의 역경을 이겨내는 용기와 스스로의 도시생활에서 오는 좌절감을 대비하여 표현하고 있다. 민들레의 종족 번성의 끈질김과 역경을 이기는 꽃의 속성이 인간을 위무한다는 생각들을 함께 느껴볼 수 있다. 민들레는 봄의 전령이며 억척같이 세상을 사는 민초인 성싶다. 잡초가 뽑아도 뽑아내도 어느 실뿌리 하나만 남아있으면 그 생명력을 자랑하듯이 이 민들레도 그런 것 같다, 그래서 질긴 목숨으로 조금만 희망이 보이면 낙천적으로 웃음을 띠고 사는 하층 생활인生活人 같다는 생각이 든다. 보통의 사람들은 모두 어둠의 밤이 지나면 찬란한 태양이 환한 내일을 열어 주리라 오늘도 믿고 산다. 민들레도 그런가 보다. 오늘 죽은 이는 도저히 못 볼 빛나는 내일은 언제나 있다.

밤꽃

꽃말 진심, 포근한 사랑

물컹물컹한 수컷 냄새 벌떼로 웅성댄다

골짝에 홍건히 고이는 몰래 사랑

뱁새들 흘겨보다가 바람으로 눈 씻는다.

밤나무에는 원효대사의 탄생 설화가 얽혀 있다. 원효의 어머니는 유성流星이 뱃속으로 들어오는 태몽을 꾼 후 만삭이 되어 친정으로 가던 중, 지금의 경북 경산군 압량면 남쪽 불지촌 밤나무 숲을 지나다 갑작스런 산기를 느끼고 남편의 옷을 밤나무에 걸어 이슬을 가린 채 해산했다고 하는데 그 때 남편의 옷을 걸었던 밤나무를 '사라수裟羅樹'라 부르게 되었고, 그 열매 또한 스님들의 바리때를 하나 가득 채울 만큼 유난히 커서 '사라율裟羅栗'이라고 하였으며 지명도 '율곡栗谷'이라 했다고 한다. 또 하나 다른 설화는 울릉도 작은 마을에 어느 날 산신령이 나타나 '이 산에 밤나무 백 그루를 심어라. 어기면 큰 재앙이 있을 것이다'라고 엄명을 내려 마을 사람들은 부랴부랴 밤나무를 백 그루 심고 정성껏 가꾸었는데, 다시 나타난 산신령이 이를 세어 보니 한 그루가 모자랐다고 한다. 마을 사람들은 다시 세기를 간청하였는데 다시 세 보아도 역시 아흔 아홉 하고 끝이었다고. 이 때 옆에 서 있던 작은 나무가 느닷없이 '나도 밤나무'하며 나섰다고 한다. 깜짝 놀란 산신령이 '너도밤나무냐?'하고 묻자 '예, 틀림없습니다.'라고 대답하여 가까스로 위기를 모면하였다고 한다. 그래 마을 사람들은 그 나무를 '너도밤나무'라 이름 짓고 아끼며 가꾸었다고 하는데, 너도밤나무는 울릉도 서면에 군락을 이루고 있는 세계적 희귀수종으로 울릉도에만 자생하는 천연기념물이다.

밤꽃은 고향을 생각나게 한다. 6월이면 밤꽃이 시골 어디서나 흐드러지게 핀다. 밤나무는 산언저리 동네주위 개천이나 강가 어디에나 있다. 유실수로서 곳곳에 밤나무 단지를 조성하여 6월이 되면 밤꽃이 절정을 이뤄 그 자욱하게 핀 모습은 마치 안개가 짙게 서린 듯하다. 밤꽃의 향이 코끝을 간지럽히는 이상야릇한 특유의 냄새는 고향을 그리워하게 한다. 어떤 이들은 밤꽃의 향을 남성이 발정하는 냄새라고도 하는데 이는 인간생명의 고향냄새라는 뜻이다. 봄도 저물 때쯤 발길을 잡고 코를 씰룩이게 하는 향이 바로 밤꽃향이다. 그 향에 대해서는 좋다는 사람이 있는가 하면, 비릿하다. 역겹다며 호들갑을 떠는 사람도 많다. 나는 그 향이 그럴듯하다. 밤꽃 향은 이상하게도 상상력을 자극하여 엷은 미소를 띠게 한다. 또한 그 향기는 추억을 머금고 있어 좋다. 비린내가 가시면 때로는 달콤하고, 때로는 고순 알밤이 우리를 기다리고 있지 않은가. 그 밤은 영양가가 높은 열매로 산골의 아이들에게는 좋은 간식거리이며 농가 소득원이기에 더욱 마음이 간다.

또한 밤꽃하면 밤꿀이 떠오른다. 봄날이라고 모든 나무가 다 꽃을 피우지 않는다. 그것은 꿀을 양식으로 하는 벌, 나비 등의 곤충을 배려한 자연의 이치인지도 모를 일이다. 향기가 그윽하고 꿀이 넘쳐흐르는 아카시아 꽃이 지고 나서야 비로소 밤꽃이 핀다. 아마도 조물주는 벌, 나비 등 곤충이 꿀을 채취할 수 있는 기회를 마련해주려고 그리 배려한 모양이다. 사실 밤꽃은 냄새가 특이하여 벌, 나비 등 곤충은 좋아하지 않는다고 한다. 그러나 벌, 나비의 입장에선 장마철이 다가오기 전에 꿀을 채취해야 하니 어쩔 수 없이 덤벼들어 바삐 꿀을 딴다고 한다. 그 시기에는 딱히 역사役事할만한 꽃이 없어 밤꽃이 가장 풍성한 밀원이다. 그 덕에 밤꽃은 자연스레 수정이 되고 밤나무는 자신의 유전자를 튼실하게 퍼뜨려 후일을 도모할 수 있게 된다. 이렇게 밤꽃은 누이 좋고 매부 좋은 일을 하는 꽃이다. 시인 김동호는 시 「밤꽃 아리아」에서 '춘향이 그네 / 높이 솟게 하는 것/ 불 아니다. / 바람 아니다. // 오월 단오 / 그녀의 이슬 / 하늘까지 밀어 올리는 / 밤꽃 향이다.'라고 밤꽃의 모습을 묘파하고 있다. 밤꽃은 생명이고 성性과 동질이다. 이 시를 보면 춘향을 그네 태우는 것은 다른 것이 아닌 밤꽃 향이다. 밤꽃 향이 하늘 높이 퍼지듯 춘향은 그네를 타고 사랑으로 가슴 채워 하늘을 훨훨 난다. 그래서 이 도령을 만나 사랑의 놀이를 하게 된다.

배꽃

꽃말 정과 사랑, 온화한 애정

때 아닌 사오월에 함박눈이 쏟아진다
천지에 눈송이들 포탄으로 매달린다
벌 나비 몰려들어서 뇌관을 뽑아낸다

폭발하는 향 파편이 미어지게 붐빈다
그 파편 맞은 것들 황홀감에 빠진다
바람도 뭉클했는지 깊은 숨을 내쉰다.

사이좋은 형제인 바이치와 아스프는 일찍이 바이치의 아내였다가 남편을 배반한 왕비에게 복수할 계획을 세웠다. 아스프가 소로 변신한 바이치를 왕비 앞에 데려갔다. "내가 바이치다"하고 소가 속삭이자 왕비는 그 소를 죽인다. 두 줄기로 흘러내린 핏자국에서 하룻밤 새에 두 그루의 배나무가 크게 자라났다. 그리고 다시 왕비에게 속삭인다. "내가 바이치다." 왕비는 그 나무들을 베어버렸다. 그때 배 한 쪽이 왕비의 입으로 날아들어 왕비는 그대로 임신을 했다. 그 아이가 자라 왕위에 오르자 어머니를 처형하고 작은아버지 아스프를 황태자로 내세웠다고 하는 이집트 전설이 있다. 또 우리나라 전설로는 옛날 농사꾼의 막내딸이 건넛마을 이 참봉 며느리로 시집을 갔는데 그 며느리는 3년 동안 참았던 방귀를 몽땅 뀐다고 외치며 계속 방귀를 뀌다가 한참 만에 그쳤다. 큰일 나겠다 생각한 시아버지는 며느리를 친정에 보내기로 하고 데리고 가다가 배나무 밑에서 쉬는데 그 때 장사꾼들이 '이 나무에 달린 배는 약배인데 너무 높아 누가 올라갈 수 있어야지'하였다. 그 말을 들은 며느리가 시아버지 앞에 나가서 제가 배를 따 보겠습니다. 하고 치마를 걷어 젖히고 엉덩이를 배나무에 대고 방귀를 뀌자 어디서 난데없는 우박이 떨어지는 것처럼 배가 우르르 떨어졌다. 이 참봉은 좋아 손뼉을 치며 방귀도 복 방귀다 하며 그 약배를 주워 임금께 바치고 며느리도 먹여 며느리 방귀 뀌는 것도 고쳤다. 그 뒤로 식구들은 화평하게 잘 살았다는 이야기다.

배나무는 사과나무와 더불어 우리나라에서 많이 가꾸는 과일

나무 일종이다. 4~5월에 흰 꽃이 잎겨드랑이에서 흐드러지게 피며, 그 열매인 배는 9~10월에 누렇게 익는다. 우리나라에서 배로 유명한 곳은 많지만 나주배가 가장 이름을 날리고 있는 것 같다. 배의 품종은 크게 일본배 · 중국배 · 서양배로 나눌 수 있다고 하는데, 우리나라에서는 일본배를 주로 재배한다고 한다. 배꽃도 봄을 알리는 꽃인데, 하얗게 피는 그 꽃은 예로부터 많은 시와 노래로 다뤄졌다. 특히 봄의 정취를 이기지 못해 쓴 이조년의 작품이 우리 가슴을 울린다. "이화梨花에 월백月白하고 은한銀漢이 삼경三更인제 / 일지춘심一枝春心을 자규子規야 아랴마난, / 다정多情도 병病인냥하여 잠 못 드러 하노라." 하는 이 작품은 달빛 속에서 배꽃을 보고 시인이 배나무 가지에 꽃으로 피어난 봄의 정취를 알 리 없는 자규의 울음 속에서 다정한 심회 때문에 잠 못 드는 모습을 보여주고 있다. 그만큼 서정적 감흥을 자아내는 꽃이 배꽃이다. 그런데 이런 배꽃을 두고 아주 육감적인 시상을 펼친 이가 있다. 복효근 시인인데 그는 「배 과수원에서」란 시에서 '아니, 저 발칙한 / 온 천지 배꽃 / 배꼽 / 다 드러내놓고 / 암술수술 무성한 / 그것을 다 드러내놓고 / 흘레붙는 / 그 고요한 소리에 달빛이 달다. / 남자인 내가 다 회임하겠다. / 쳐다만 봐도 배불러 오겠다.'하여 배꽃을 나체裸體로 청춘남녀가 사랑을 나누는 몸짓으로 보고 있다. 배꽃 속에서 특이한 시상을 얻어 이를 시화한 시로 의인화에 의한 관능미官能美가 넘치는 시이다. 하기는 배꽃을 보면 그 하얀 모습이 포동포동한 요즘 젊은이들의 빛나는 살결 같기도 하다. 배나무들이 즐비한 과수원에 겨울을 털어낸 하얀 꽃들이 화사하게 필 무렵이면 그 순백의 웃음소리가 우리의 살갗을 파고든다. 그 때 느끼는 희열감喜悅感을 잊을 수가 없다. 배꽃은 어찌 보면 한겨울 포근하게 쏟아지는 함박눈을 연상하게 한다. 함박눈이 내려 나뭇가지에 쌓인 모습은 함박꽃이 핀 듯도 하고, 무슨 솜이불을 펼쳐놓은 듯도 하다. 배꽃 철에 무더기로 날아드는 벌 나비의 꿀 빨기 운동은 가히 향기의 잔치이고, 음악의 잔치이다. 그 바람에 바람도 뭉클해 가만히 숨 고르고 있는 게 아닐까. 배꽃이 봄을 이고 환히 필 땐 좋더니만 배꽃이 질 땐 좀 서운하다. 그러나 배꽃은 지면서 배를 낳는다. 배꽃이 그리 이승을 떠나감은 우리에게 다행일까 불행일까.

배꽃이 하얗게 질 땐 함박눈이 내리는 듯도 하다. 그래서 갑자기 중세 고전의 '눈의 자식' 이란 이야기가 떠오른다. 아내가 춘정을 못 이겨 어떤 젊은이와 사랑에 빠져 상인 남편 몰래 아기를 낳고는 눈송이가 입에 들어가 낳은 아이라고 하였는데 그 후 아들이 장성하자 남편이 장사기술을 가르친다고 그 아들을 데리고 멀리 여행을 떠나 무역상에게 판 후 혼자 집에 돌아와 햇빛에 아이가 녹아버렸다고 했다. 어처구니없는 두 사람의 거짓말이다. 거짓은 거짓을 낳는다. 무한의 세월 속에 점을 찍고 가는 것이 인생이다. 진실로 살기도 바쁜 시간이다.

배롱나무 꽃

꽃말 청렴, 수다스러움, 꿈, 부귀, 탈속

맨 살점 다 발라낸 뼈만 남은 나체다

그 누가 팬츠까지
홀딱 벗겨 놓았나

남몰래 설움에 바쳐 피울음 쏟아낸다.

옛날 어느 어촌에 목이 세 개 달린 이무기가 매년 나타나 처녀 한 명씩을 제물로 받아갔는데 어느 해 장사가 나타나 제물로 선정

된 처녀 대신 그의 옷을 입고 제단에 앉아 있다가 이무기가 나타나자 이무기 목 두 개를 베었다. 이를 보고 있던 처녀는 좋아하며 "저는 죽은 목숨이니 죽을 때까지 당신을 모시겠다."고 하였다. 이에 장사는 "아직 이르오. 아직 이무기 목이 하나 더 남아 있소. 그마저 베어야 하오."하며 배를 타고 이무기를 찾아 나서며 "내가 성공하면 흰 깃발을, 실패하면 붉은 깃발을 뱃머리에 달 것이니 그리 아오."하고 떠났다. 처녀는 백일 동안 성공을 기원하였다. 그러나 처녀는 백일 후 돌아오는 배를 보고 실망하여 자결했다. 장사는 이무기가 죽으며 뿜어낸 붉은 피가 깃발에 묻은 줄 모르고 돌아왔다. 그 후 처녀 무덤에서는 붉은 꽃이 피는 나무가 자랐다. 이는 백일기도 들인 정성의 꽃으로 배롱나무 꽃이라고 한다.

'열흘 붉은 꽃이 없다花無十日紅'는 옛말을 생각하게 하는 꽃이다. 배롱나무 꽃이 세 번 피고 지면 햅쌀밥을 먹는다는 말이 있다. 배롱나무 꽃은 석 달 열흘 계속 꽃을 피우고 있는 게 아니고 피고 지기를 세 번, 꽃무더기로 무더위를 온몸으로 불살라 핀다.

배롱나무는 중국 남부가 고향인데 고려 말 선비들의 문집인 〈보한집〉, 〈파한집〉에는 자미화紫微花라는 이름으로 등장한다. 나무로 된 백일홍이라고 목백일홍木百日紅이라고도 하며, 사람이 만지면 간지럼을 타는 나무란 뜻으로 간지럼나무로 불리기도 한다. 나무줄기가 매끈하여 여인의 나체裸體를 연상시킨다 하여 대갓집에서는 안채에 심지 않는다고 한다. 그런데 절 마당이나 선비들이 거처하는 안마당에는 이 나무를 심고 있다. 어찌 보면 이는 아이러니이다. 그런데 이유는 있다. 절 마당에 심는 것은 나무가 껍질을 다 벗었으니 스님이 세속을 벗은 것과 같고, 선비 거처에 심는 것은 몸에 군더더기가 없이 깨끗하니 청렴淸廉을 상징한다고 보고 있기 때문이란다. 이런 속성을 가진 「배롱나무 꽃」을 정진규 시인은 '어머니 무덤을 천묘하였다. / 살 들어낸 어머니의 뼈를 처음 보았다. / 송구스러워 무덤 곁에 심었던 배롱나무 한 그루 / 지금 꽃들이 한창이다. / 붉은 떼울음, / 꽃을 빼고 나면 배롱나무는 골격만 남는다. / 촉루髑髏라고 금방 쓸 수도 있고 말할 수도 있다/ 너무 단단하게 말랐다. / 흰 뼈들 힘에 부쳐 툭툭 불거졌다. / 꽃으로 저승을 한껏 내보인다. / 힌창 울고 있다. / 어머닌 몇 만 리를 그렇게 맨발로 걸어오셨다.」라고 하였다. 꽃이 지고 피는 한여름 분재처럼 자라난 배롱나무가 꽃을 피웠다 질 땐 마치 그 나무의 모습을 묘를 이장할 때 나온 어머니의 유골로 환치하여 표현하고 있다. 시인은 머릿속엔 이 배롱나무가 그리는 어머니의 환영이 되고 있다. 꽃보다는 나무의 몸통에 초점을 맞춰 쓴 시이다. 내가 볼 때는 살 한 점 없이 뼈만 남아 때때로 설움에 바쳐 피를 쏟아내는 모습이다.

백합

꽃말 순수, 순결, 순수한 사랑

대낮인데 허연 뱃살 출렁이며 지랄한다

천연불륜 진한 향이
색색대며 코 찌른다

은밀히 암술수술들이 흘레붙어 야단이다.

그리스의 제우스신이 헤라클레스에게 영원한 생명을 주기 위하여 솜누스에게 잠자는 약을 만들게 하고 자기 부인인 헤라에게 그

것을 먹여 잠들게 하고는 어린 헤라클레스에게 그 젖을 빨게 하였다. 어린 헤라클레스가 너무 세차게 젖을 빨다가 그만 젖 몇 방울이 땅에 흘려 떨어졌는데 그 젖 방울이 떨어진 자국에서 하얀 꽃이 피었다. 그 꽃이 백합이라고 한다. 그 후로 백합은 제우스가 헤라에게 바치던 꽃이 되었다 한다.

이 꽃을 보면 봄날 세모시 같은 아니, 명주 올 같은 봄 햇살이 나른하게 내리는 날 햇살이 꽃망울을 어루만지면 꽃술도 간지러움을 느껴 파! 하고 웃음을 터뜨리고 그 바람에 그 짙으나 짙은 꽃향기 허공에 솟구쳐 세상에 뿌리는 것 같다. 아니 강력한 꽃침을 품고와 향기 주머니를 터뜨리며 코끝에 그 향기의 꽃침을 콕 찍어놓아 마음을 순화시키는 것 같다. 그러나 달리 보면 핏기 팽팽한 남녀의 은밀한 불륜을 저지르는 모습도 연상된다. 꽃이 피는 백합을 처음으로 심기 시작한 것은 일제강점기에 일본인에 의한 것으로 알려져 있지만 이미 조선시대에도 백합이란 말이 등장하니 오래전에 백합은 이 땅에 있었던 것 같다. 백합을 보면 생각나는 것이 있다. 2004년쯤인 것 같다. 때 아닌 4월에 눈이 펑펑 한 자(30cm)는 너끈히 내려 나뭇가지에 눈꽃이 매달렸다. 그 눈꽃이 어찌나 탐스러운지 백합이 송이송이 피어 싸늘한 향기로 콧속을 뚫는 듯하였다. 백합은 달 밝은 밤 하얀 드레스를 걸치고 사뿐사뿐 찾아온 신부만 같다. 이 꽃은 순백과 순결의 모습을 띠고 있고, 평화와 사랑, 그리고 티 없이 맑은 희망을 품고 있다. 언제부터인지는 확실하지 않지만 결혼식 부케에 이 백합이 많이 쓰이고 있다. 부케의 어원은 불어로 꽃이나 풀을 묶어 만든 것으로 장식용 꽃다발이나 선물용 꽃묶음을 가리키는 것으로 남자가 여자에게 구애할 때 꽃을 꺾어 묶음으로 만들어 준데서 유래했다고 한다. 이것이 결혼식에 등장하여서는 다산의 의미, 행복의 의미가 되었단다. 순수 우리의 산과 들에서 흐드러지게 피는 산야초 토종인 이 백합은 꽃잎과 뿌리의 약성이 대단한 한약재라고도 한다. 그래서 이 백합은 한방에서 진정, 이뇨, 진해를 치료하는 약으로도 사용한다고 하는데, 백합의 맛은 달며 성질은 차고 심장과 폐에 작용하여 마음을 맑고 편안하게 하며 잠을 제대로 자지 못하고 꿈을 많이 꿀 때에도 효과가 있다 하니 그 모습 뿐 아니라 그 역할도 훌륭한 꽃이 백합인 성싶다. 이 백합은 외국에서 들어온 꽃 같지만 실은 우리나라가 원산지라고 한다. 토속적인 꽃이 이렇게 화려하다니 가슴이 뿌듯하다. 시인 임강빈은 「백합」이란 시에서 '조용히 흔들어 깨운다. / 어둡던 긴 땅에서 / 힘차게 뚫고 올라오는 대궁 / 앞 뒤 눈치보는 일없이 / 백합이 핀다. / 향기를 세워 / 몇 개 촛대에다 / 불을 밝힌다. / 아, 잠시 잊고 있던 / 절대의 시간 / 한낮에 불을 밝힌다.' 고 의인화 수법을 동원하여 백합이 피는 것을 촛대에 불을 밝히는 것으로 표현하고 있다.

벚꽃

꽃말 순결, 절세미인

호호백발
주모酒母들이 줄을 서서 호객이다

벌 나비
주막酒幕 들려 꿀 술을 퍼마신다

달빛은
공술空-을 먹고 퍼드러져 누웠다

한라산 기슭에서 나무하여 생활을 꾸리는 만수는 홀어머니를 공경하는 것만이 큰 기쁨이었는데 어느 날 어머니가 그만 병석에 눕게 되었다. 만수가 온갖 노력을 다 해도 어머니는 점점 쇠약해졌다. 이를 잘 알고 있던 스님이 만수네 집을 찾아와 간절히 애원하는 만수에게 이렇게 말했다. "한라산에 가면 백록담 주변에서 풀을 뜯고 있는 사슴이 있을 것이다. 그 사슴의 뿔을 베어다 어머니께 달여 드려라." 이튿날 새벽, 만수는 한라산을 올라갔다. 해가 중천에 뜰 무렵 백록담에 도착하니 사슴 무리가 보였다. 눈여겨보니 유난히도 커다란 뿔을 가진 사슴이 보여 가만히 다가가서 잽싸게 덮쳤다. 도망치려던 사슴은 뿔이 나무에 걸려 툭 부러졌다. 만수는 얼른 뿔을 집어 들고 산을 내려오는데 여인의 상냥한 목소리가 들렸다. 만수는 깜짝 놀라 발걸음을 멈추었으나 애처로운 여인의 말을 뒤로 하고 급히 집에 도착, 뿔을 달여 어머니께 드렸다. 어머니는 감쪽같이 나았다. 만수의 근심은 사라졌지만 여인의 애처로운 목소리가 영 맘에 걸려 한라산에 오르니 사슴 무리 옆에 선녀 같은 여인이 앉아 있었다. 아버지 대신에 사슴을 지키고 있다며 여인은 만수의 사연을 듣더니, "너무 걱정하지 마십시오. 아버지도 도련님의 효성을 아시면 노여움을 푸실 것입니다."하였다. 만수는 여인의 고운 마음씨에 반해 아내가 되어 줄 것을 청했고 여인도 허락했다. 둘은 여인의 집에서 정화수 한 사발로 결혼식을 올리고 달콤한 날들이 지나갔다. 꿈이었다. 깨어보니 여인은 간데 없고 나무 옆에 누워 있는 것이다. 이듬해 봄, 나무를 하러 한라산에 올라갔더니 옛날 그 여인의 집이 있던 자리에 꽃이 활짝 피어 있었다. 꽃의 향기를 맡다 다시 깜박 잠이 들었는데 꿈속에서 아내가 나타났다. 자기는 한라산 산신령의 외동딸인데 사람과 결혼했다 하여 아버지의 노여움을 사 지금 도련님 옆의 나무가 되었다고 했다. 깜짝 놀라 꿈에서 깨어 보니 눈이 부시도록 벚꽃이 피어 있었다.

봄을 맞아 길가에 흐드러지게 핀 벚꽃들을 보노라면 누구나 소녀들처럼 가슴이 설렌다. 우리나라 벚꽃은 동아시아의 벚나무 종의 나무에서 피는 꽃으로 히말라야 지역이 원산이라는 이야기가 있다. 봄에 꽃 대궐을 만들어주는 꽃이 이 벚꽃이다. 때로는 까칠한 바람에 맞서 피는 그 기개가 가상하다. 벚나무가 옷을 다 벗고 알몸으로 설한풍을 견뎌 나와 흐드러지게 꽃을 피워내는 걸 보면 대견스럽다. 우리들 인간에게 기쁨을 주는 수많은 꽃잎을 봄에 피우기 위해 벚나무는 쌀쌀한 추위의 산고의 아픔을 아픔으로 여기지 않고 억세고 끈질기게 이겨 나왔는지 모르겠다. 청보리 푸르게 돋아나 넘실대는 봄에 벚꽃은 봄의 요정이 되어 환한 웃음을 터뜨린다. 그런데 벚꽃의 으뜸 정취는 누가 뭐래도 휘영청 밝은 달밤에 달빛이 은은히 서려 있는 꽃을 보는 일이다. 그래 이를 보려고 사람들은 달밤에 몰려든다. 나도 한번 벚꽃 축제를 하는 곳을 밤에 찾아가 그 만개한 기쁨들을 감상하였는데 몰려든 사람들이 어찌나 많은지 구경이 아니라 그냥 밀려다녔다. 차라리 집에서 텔레비전 영상映像으로 편안히 구경할 걸하고 후회後悔도 했다. 하지만 후에 언뜻언뜻 본 벚꽃의 그 때 느낌이 가슴 속에 오래 새겨져 그리 한 것이 다행이라 생각했다. 곽재구 시인은 「벚꽃나무의 둘레가」란 시에서 '벚꽃나무의 둘레가 눈부시다 / 무엇이 저렇게 / 내 눈을 못 뜰 만치 / 눈부시게 다가오는가 싶었더니 // 꽃 속에 숨어 있는, / 어느새 성장한 여인이 되어버린 / 딸애가, / 오 귀여운 딸애가 / 주변의 예쁜 풍경을 거느리고 / 활짝 웃고 있지 않는가.'고 하여 벚꽃을 딸애로 비유하고 있다. 이런 이를 딸 바보라 하던가. 그만큼 벚꽃이 화사하고 애틋한 정이 간다는 말일 게다. 그러나 한 편으로는 가로수로 심어놓은 벚나무들은 혹시 술집 주모가 아닐까 하는 생각도 하게 된다. 길가에 줄지어 서서 지나는 사람보고 좀 쉬어가며 술이라도 한잔 하라고 권하는 것만 같다. 그 때 밤을 지켜 벚나무 곁에 있는 달빛은 수시로 공짜 술을 퍼마시고 있는 술꾼은 아니었을까.

복수초

꽃말 영원한 행복(동양), 슬픈 추억(서양)

그 얼마나 급했으면
살얼음에 몸을 푸나

봄은 아직 입 다물고 바깥 눈치 보는데

황금 빛 아기부처를
이 추위에 낳다니.

옛날 하느님만이 이 세상에 살고 있을 때 하늘나라에 크노멘 공주라는 아름다운 여신이 있었는데 아버지 하느님은 늘 공주를 시집보낼 젊은 남신들을 한 명 한 명 떠올리며 고민했다. 착한 꽃신, 아름다운 냇물 신, 똑똑한 원숭이 신, 새신, 산신 모두 흠결이 있어 한참 생각한 끝에 두더지 신을 골랐다. 두더지는 용감하고 정의로우며 똑똑하기 때문이다. 그러나 딱 한 가지 결점은 신들 중에서 가장 보기 흉한 모습이다. 하느님은 겉모습은 문제될 게 없다고 생각하고 그를 크노멘 공주의 신랑으로 정했다. 하느님과 두더지는 서로 약속의 증표로 칼을 교환하고 크노멘 공주와 두더지의 결혼을 맹세했다. 이 이야기를 들은 크노멘 공주는 깜짝 놀랐다. 저는 절대로 두더지와 결혼하지 않을 거예요. 화가 난 공주를 하느님이 달랬지만 크노멘 공주는 싫다고 소리를 지르며 아버지 궁전을 뛰쳐나갔다. 억지로 결혼 시키려고 하자 공주는 화가 나 아버지를 피해서 도망쳤다. 어둡고 추운 겨울밤 북풍이 휘몰아치고 눈도 조금씩 내리고 있었다. 공주는 곰에게, 소나무에게, 북풍에게 도와달라고 부탁했으나 약속을 지키지 않는 사람을 도와줄 수는 없다고 거절했다. 하느님은 제멋대로인 너를 더 이상 내 딸이라고 여기지 않겠다며 벌을 내렸다. 공주는 아름다운 젊은 여신의 모습을 잃어버리고, 눈 속 금색의 조그만 꽃이 되어 버렸다. 이 꽃이 복수초福壽草이다.

'복수초'라는 이름은 일본식 한자명을 그대로 가져 온 것이다. 이 꽃은 수복강녕을 의미하는 수복초, 꽃이 황금색 잔처럼 생겼다고 측금잔화側金盞花라고도 부르고, 설날에 핀다고 원일초元日草, 눈

속에 피는 연꽃 같다고 설연화雪蓮花라고도 하며, 쌓인 눈을 뚫고 나와 꽃이 피면 그 주위가 동그랗게 녹아 구멍이 난다고 눈색이꽃, 얼음새꽃이라도 부른다. 강원도에서는 눈꽃송이라고도 부른다 한다. 밤새 거센 꽃샘바람이 불고 기온은 영하로 뚝 떨어져 춘사불래춘春似不來春인 때 골짝 양지 바른 언덕에 금빛 술잔처럼 꽃이 솟아올라오는 꽃이 복수초이다. 겨울의 뒤끝에서 금빛으로 빛난다. 복수초란 이름을 한자로 해석하면 복을 가지고 오래 산다는 뜻이다. 복수초는 우리가 지금까지 가장 이른 봄에 꽃소식을 전한다고 알고 있는 매화보다도 더 일찍 봄 꽃소식을 전하는 식물로 눈 속에서도 꽃을 피운다. 하지만 눈 속에서 피는 꽃은 없다. 이른 봄에 꽃이 피고 눈이 내려 꽃을 덮은 모습을 보고 사람들은 눈 속에서 핀 것으로 생각할 뿐이다. 시인 홍성란은 시 「복수초」에서 '꽃철 질러온 게 / 죄라면 죄이리. // 눈밭 자리 본 데 그대 아니 계시니 // 눈부처 / 환히 피우실 그대 아니 오시니'라고 하여 복수초를 '눈부처'라고 은유하여 모든 것은 마음이 지어낸다는 일체유심조一切唯心造의 봄을 기다리는 마음을 표현하고 있다. 우리 집 뜰에도 매년 복수초 꽃이 있다. 그런데 한해만 지나면 사라진다. 매년 정성을 들여도 헛일이었는데 올해는 좀 늦게 얼굴을 내밀더니 예쁜 꽃으로 보답을 한다.

봉숭아꽃

꽃말 희망

엷디엷은 꽃잎들이
제 살을 으깬 핏물

밤잠 없이 엉겨 붙어 손톱을 물들이고

첫눈이 내릴 때까지
속마음을 조리게 해

고려 충선왕 때 나라의 힘이 약하여 원나라로 왕과 악기 타는 두 여자가 끌려갔는데 왕은 늘 조국인 고려가 걱정이었고, 여자들은 고향과 어머니가 그리워 손가락에 피가 흘러도 악기를 연주하면서 시름을 달랬다. 손가락 마다 헝겊을 감은 여자들이 충선왕의 눈에는 한없이 불쌍해 보여 빨리 고국으로 돌아가 나라를 바로 세우고, 강력한 국가를 만들겠다고 다짐을 했다. 원나라의 무종이 왕위에 오르도록 도와준 충선왕은 드디어 고려로 돌아오게 되었다. 고려로 돌아와 왕위에 오른 충선왕은 원나라에 남아있던 두 여자가 생각이 나 신하들에게 그 여자들을 데려오게 했다. 그러나 이미 두 여자는 이 세상을 떠난 뒤였다. 충선왕은 두 여자의 넋을 위로하기 위해 궁궐 뜰에 봉숭아를 심게 했다. 손가락마다 헝겊을 감고 있던 모습이 꼭 봉숭아 꽃물을 들인 것 같았기 때문이다. 그 뒤 봉숭아가 널리 퍼지게 되었고, 봉숭아 꽃잎을 따 손톱에 물을 들이는 풍습도 생겨났다.

봉선화는 순우리말로는 봉숭아라고 한다. 꽃의 생김새가 마치 봉황을 닮아 봉선화라고 부른다. 이 꽃은 인도, 말레이시아, 중국 남부가 원산지로 각국에선 뜰에 널리 심고 있다. 우리나라에서는 1241년 완성된〈동국이상국집東國李相國集〉에 '7월 25일경 오색으로 꽃이 피고 비바람이 불지 않아도 열매가 자라 씨가 터져 나간다는 봉상화鳳翔花가 언급되어 있는 점으로 보아 고려시대 이전부터 봉선화를 널리 심었던 것으로 추정된다. 이 봉상화가 조선시대 책에는 봉선화로 되어 있다. 이 봉선화가 봉숭아로 발음 전이가 된 것 같다. 한국에서 옛날부터 자라던 봉선화는 물봉선과 노랑물봉선화이다. 이들은 산이나 들의 습지에서 자란다. 이 꽃을 보면 1920년경 나라 잃은 슬픔을 노래한 김형준 작사하고 홍난파가 작곡한 바이올린 독주곡으로 연주된 "울밑에 선 봉선화야/ 네 모양이 처량하다."하는 "울밑에 선 봉선화" 노래가 연상된다. 이 노래는 1940년대 초에 반일사상의 노래라 하여 일제에 의하여 가창 금지가 되었으나 지금은 널리 애창되고 있다. 이 노래는 무척이나 애상감이 느껴지는데, 그런 애상이 깃든 꽃이 바로 이 봉선화이다. 그러나 누가 뭐래도 봉숭아하면 떠오르는 것이 있다. 봉숭아 물들이기이다. 지금은 흔치 않지만 7, 8월에 피는 봉숭아꽃을 따 손톱에 물들이는데 꽃잎과 잎사귀 등을 백반과 잘 섞어 빻은 후 손톱에 올려놓고 실로 동여매고 하룻밤을 새면 봉숭아물이 손톱에 빨갛게 물이 드는데 이 봉숭아물이 첫눈이 올 때까지 남아 있으면 첫사랑이 성공 한다고 하여 오매불망 첫눈을 기다렸다. 그 모습을 표현한 시가 배종대 시인의「봉숭아꽃」이다. 그는 이 시에서 '보여줄까 말까? / 터뜨릴까 말까? // 손톱 밑 반달이 보고 있어 / 그래 좋다 / 빨간색 커튼 가리자 // 톡 톡 톡 / 사랑이 익는 소리'라고 하고 있다. 여기서 '커튼'은 손톱에 얹어 묶는 천이고, '사랑이 익는 소리'는 그 기다림의 마음이다. 쉬운 말로 표현하여 시적 감각을 돋보이게 한 시이다.

언제부터 부녀자들이 손톱을 물들이는 데 봉숭아를 사용했는지는 확실하지 않다. 나는 어릴 적 처녀들이 수북한 집에서 자랐다. 초저녁이면 우리 집 처녀들은 손톱에 물들이느라 부산하다. 이튿날엔 물든 손톱을 보며 즐거워하던 고모들과 누님의 모습이 지금도 눈에 선하다. 봉숭아 꽃물을 들이고 첫눈이 올 때까지 그 꽃물이 남아 있으면 첫사랑이 이루어진다는 이야기도 있다. 그런데 지금은 그 분들도 더러는 하늘에 오르시고, 더러는 병마와 싸우고 계시니 허망하다. 거기다 이런 풍습도 차츰 사라지니 아무래도 한때의 낭만이 되고 말 것만 같다.

부처꽃

꽃말 사랑의 슬픔

숯불처럼 조각조각 불태운 세속 아픔

온몸에 다닥다닥 딱지로 앉았어라

나비들 불러 모아서 보시하는 산보살

옛날에 심신이 곱고 불심이 아주 깊은 불자 한 명이 백중날(음력 7월 보름)에 부처님께 연꽃을 봉양하기 위해 연꽃을 따려고 연못에 갔는데 전날까지 비가 너무 많이 내려서 연못에는 물이 너무도 많아 연꽃을 딸 수 없었다. 이 불자는 크게 상심하여 눈물을 흘리면서 어떻게 하면 연꽃을 따다가 부처님께 공양을 할 수 있을까 생각을 하고 있었다. 하지만 별 뾰족한 방법이 없어서 하염없이 눈물만 흘리고 있었다. 그런데 그 때 눈물만 흘리는 불자 앞에 백발의 노인이 나타나 "너의 불심이 아주 깊어 감명을 받았다." 고 하며 연못가에 피어있는 자주색 꽃을 가리키며 "저 꽃을 꺾어다가 부처님께 공양하도록 하여라." 했다. 어쩔 줄 몰라 울고 있던 불자는 백발노인의 이야기대로 연못가에 피어있는 예쁜 자주색 꽃을 꺾어다가 부처님께 공양을 하였다. 이 일이 있은 뒤부터 사람들은 이 꽃을 부처님께 공양한 꽃, 즉 부처꽃 이라 부르게 되었다고 한다.

부처꽃은 두렁꽃, 혹은 천굴채 라고도 한다. 부처꽃 이라는 이름의 유래는 백중날(음력 7월 보름)에 부처님께 이 꽃을 바쳤다고 하는 위 전설에서 유래한 이름이다. 키가 1m 정도인 꽃나무로 밭둑이나 습지에서 잘 자란다. 7~8월에 홍자색의 꽃이 핀다. 일본에서는 음력 7월 15일에 지내는 불공인 우란분절에 부처꽃을 불단에 바친다고 한다. 스님들이 하안거夏安居를 마친 후 제를 올리는 날을 백중날이라고 하는데 하안거는 음력 4월 중순부터 7월 중순까지 90여 일 동안 같이 모여서 수도하는 행사를 말한다. 이 꽃의 라틴명의 속명屬名인 리스룸인데 이는 '피처럼 붉은 꽃을 피우고 줄기에 기다란 잎이 마주나서 양쪽 날개가 펼쳐진 것처럼 보이는 풀'이라는 뜻이다. 식물의 특성을 그대로 묘사한 이름이다. 한방에서는 식물 전체를 햇볕에 말린 것을 천굴채千屈菜라하고 설사,

이질에 지사제로 사용하고 방광염, 수종, 이뇨에도 사용한다고 한다. 물에 달인 액을 병원균에 대해서 실험한 결과 강한 항균활성이 밝혀진 바 있다고 한다. 꽃피는 기간이 길어서 관상용으로 안성맞춤이고 생명력이 강하고 재배가 쉬워 하천복원이나 생태공원 조성에 안성맞춤 꽃이다. 김승기는 시 「부처꽃」에서 '그 눈망울 초롱초롱한 / 영혼을 위해 / 소신공양으로 화염의 불꽃 피우는 // 커다랗고 붉은 / 한 점 햇덩이 // 해마다 여름이면 / 그렇게 하늘에 걸려 있다.'고 하여 소신공양하는 불심이 한 점 불덩이가 되어 여름 하늘에 걸려 있으면서 눈망울 초롱초롱한 부처꽃의 영혼을 만들어 낸다고 표현하였다. 즉, 초롱초롱한 부처꽃 영혼을 위해 소신공양으로 불꽃을 만들어 하늘의 햇덩이로 변환시키는 시적 변이詩的 變異를 보여주고 있다.

이 꽃은 연못이나 호수가 늪지에서 연꽃과 수련을 따라 핀다. 호수같은 도량度量을 지닌, 연못 같은 그윽함이 서려 있으려고 그러나 보다. 애별이고愛別離苦란 말이 있다. 어느 누구도 좋아하고 사랑하는 사람과 영원히 함께 하고 싶지만 그럴 수 없는 이별이 기다리고 있다. 그래서 부처꽃은 '사랑의 슬픔' 을 품고 피어나 헤어짐을 준비하라는 암시를 주고 있는 꽃인지도 모른다. 이 꽃처럼 날마다 마음이 더 맑고 향기롭게 되었으면 싶다.

분꽃

꽃말 소심, 수줍음

날마다 신혼 같은 화촉동방 환한 꽃방
벌 나비 벙긋이 방문 열고 나들더니
새까만 눈동자 배고 햇정 한껏 우린다

슬그머니 진통 겪고 일란성 애들 낳아
장독대에 세 들어 한 가정 이루더니
색 놓아 영근 기쁨을 단꿈으로 적신다.

옛날 폴란드에 넓은 영토와 큰 세력을 지닌 성주가 살았는데 그에게는 자식이 없었다. 그래서 그는 항상 신에게 간절히 기도를 드렸다. 신은 그의 기도를 듣고 귀여운 딸을 낳게 해주셨다. 성주는 아들을 원했으나, 딸을 얻은 것을 탓하지는 않았다. 하지만 성을 이끌어 갈 아들이 없다고 사람들이 손가락질 할 것이 싫어서, 아들을 낳았다고 선포한 후 그 아기를 아들처럼 키웠다. 그녀에게 '미나비리스'라는 남자 이름을 지어주고, 남자의 옷차림을 하게 한 후, 활쏘기와 칼싸움에서부터 술 먹는 법에 이르기까지 남자들이 해야 할 여러 가지를 가르쳤다. 그러나 '미나비리스'는 청춘의 끓는 피는 어찌할 수 없어 자기 부하인 한 남자를 사랑하게 되었다. 그녀는 어느 날 아버지께 모든 사실을 고백하고, 자기를 도와달라고 애원했다. 그러나 성주인 아버지는 "모든 사람들이 너를 남자로 알고 있고 이 성을 이끌어 갈 후계자이므로 그렇게 할 수 없다"고 하면서 사랑하는 딸의 애원을 거절했다. 이렇게 말하는 아버지의 말에 '미나비리스'는 너무 서럽고 자기 자신이 매우 싫어져 가지고 있던 칼을 바닥에 꽂으며, 태어나서 처음으로 여자처럼 엉엉 울었다. 그리고는 어디론지 사라져 버렸는데 며칠 후, 그녀가 땅에 꽂았던 칼에서 꽃이 한 송이 피어났다. 그 꽃이 바로 '분꽃'이다.

분화粉花라고도 하는데 분꽃이라는 이름은 씨의 씨젖이 분가루 같다는 데서 유래한 것이다. 꽃이 보통 오후 4시경에 피기 때문에 영어로는 포어클록(four-o' clock)이라고 한다. 씨는 가루를 내어 얼굴에 바르는 분으로 이용하기도 한다. 6~10월에 깔때기 모양을 하고 가지 끝에 취산 꽃차례를 이루며 꽃은 핀다. 종처럼 생긴 꽃잎처럼 보이는 것이 있는데 이를 꽃잎으로 생각하면 안 된다. 이는 꽃잎이 아니라 꽃받침이다. 이 꽃받침은 아래에서는 붙어있고 위에서는 열려있다. 그러고 보면 분꽃에는 진정한 꽃잎이 없다. 그리고 꽃받침 모양으로 되어있는 5개는 꽃송이 주변에 컵 모양으로 만들어진 것은 녹색의 포라고 한다.

빛깔은 홍색·황색·백색 기타 잡색이다. 우리나라와 만주의 각 지방에서는 밭에 포장 단지를 만들고 재배하기도 한다. 그리고 열매의 배유는 백분을 제조하는 데 썼다고 하고, 화장품의 재료로도 쓰여 예전부터 여인들이 얼굴에 발랐다. 한방에서는 잎을 끓여서 만든 즙은 절상, 개선, 소창 등의 좋은 치료약이라고 한다. 이 풀은 우리나라에서는 한해살이풀이다. 이 풀이 어느 시기에 우리나라에 들어왔는지는 불분명하나 대단히 오래전에 들어온 듯하다. 옛날부터 우리나라에서는 뜰 앞 마당가나 장독대 옆에는 항상 이 분꽃이 있었다. 마당가의 이 분꽃과 지붕 위의 박꽃은 옛날 사람들에게 시계 역할을 톡톡히 했다고 한다. 분꽃과 박꽃은 비가 내려도 꽃을 피우는데, 오후 네댓 시쯤이면 어김없이 꽃이 피기 시작하니 아낙네들은 이 꽃들이 피어나기 시작하면 저녁밥을 짓기 시작하였다 한다. 시간을 아는 신비로운 꽃이다. 이 분꽃은 향기가 좋은데, 오후에 피었다가 다음날 아침에 시든다. 소녀들의 재잘거림이 들리는 듯하고, 고양이 까만 눈동자 같은 씨와 꽃들의 꾸밈없는 어울림으로 순진무구한 웃음이 까르르 펴질 것만 같다. 권대웅 시인은 시 「분꽃」에서 '꽃 속에 방을 드리고 / 살았으면 / 지붕

이랑 창문에는 꽃등을 걸어놓고 / 멀리서도 환했으면 / 꽃이 피면 / 스무 살 적 엄마랑 아버지랑 사는 / 저 환한 달 속을 다 보았으면 / 그 속에서 놀았으면 / 밤새 놀다가 / 그만 깜박 졸다 깨어나면 / 그렇게 까만 눈동자 / 아기 하나 생겼으면'하고 있다. 분꽃을 가정집으로 표현하여 진한 정감을 자아낸다. 이 시 속의 분꽃은 아늑하고 낭만적인 사랑의 보금자리가 있는 어느 산골 초가집 같다. 그런데 이 꽃은 제 분憤을 스스로 삭히지 못해 분粉을 품은 꽃이 되어 씨 속에 이를 가득 품게 한 모양이다.

붓꽃

꽃말 좋은 소식, 신비로운 사람, 존경

붓꽃이 허공에 그려놓은 묵화 한 폭
무지개로 휘어져 바람에 나부낀다

벌새가 향낭을 쪼자
열리는 싸한 세상.

이 꽃에 얽힌 전설은 그리스의 신 가운데 누가 봐도 아름다움에 빠져들 정도의 미모를 지닌 아이리스라는 딸을 가진 신이 있었는데 제우스의 아내 헤라도 반할 정도였다. 그 미모에 반한 헤라는 아이리스를 자신의 시녀로 삼았다. 그런데 올림포스 산 위에 자리잡은 신전에 살며, 인간 세상과 신들의 세계를 관장하는 바람둥이 제우스의 눈에 잘 띄었다. 아이리스는 외모만 아름다울 뿐만 아니라 예절도 바르고 몸가짐 또한 아주 단정하였다. 그래서 그녀의 행동 하나하나는 그녀의 아름다움을 더욱 돋보이게 하였다. 바람둥이 기질의 제우스는 아이리스의 아름다움에 취해 그녀를 유혹하기 시작하였다. 그러나 총명한 아이리스는 제우스의 계략으로부터 번번이 빠져 나갔다. 제우스는 애가 닳아 발을 동동 굴렀다. 이를 보고 있던 헤라는 회심의 미소를 지었다. 아이리스가 재치있게 제우스의 유혹을 뿌리치고 있음을 알고 있기 때문이다. 점점 더 아이리스가 마음에 들었던 헤라는 아이리스에게 선물을 주었다. "자, 이것은 인간 세상에서 무지개라고 하는 것인데 너의 목걸이로 하여라. 그리고 이것으로 다리를 놓아 하늘을 건너는 영광도 너에게 주마." "황공하옵니다. 헤라여!" 헤라는 향기로운 입김을 세 번 뿜어서 아이리스를 축복하였다. 그 때 입김에 서린 물방울 몇 개가 땅에 떨어졌다. 그리고 그 물방울이 떨어진 곳에서 꽃이 피어났다. 바로 그 꽃이 무지개처럼 다양한 색을 지녔으며 무지개처럼 아름답다고 하여 붙여진 아이리스 즉, 붓꽃이라고 한다.

붓꽃은 전설에서 유래한 무지개의 여신이란 뜻인 아이리스라고 한다. 그래서 붓꽃을 무지개 여신이라 불린다. 붓꽃이란 이름이 붙여진 이유는 꽃대와 꽃술이 붓 같다고 하여 그리 부른다고 한다. 여러 해살이 식물로 그 원산지는 한국, 중국, 일본, 시베리아 동부 등 동아시아로 전국적으로 분포되어 있는데 산이나 들의 습지에서 잘 자라는 꽃이다. 5~6월에 개화하며 줄기 끝에 2~3개씩 달리는 꽃은 보라색을 비롯하여 노랑, 빨강 등 여러 가지로 잎 같은 포가 있다. 얼핏 보면 창포와 비슷하다. 그런데 붓꽃은 꽃대가 대나무처럼 곧게 뻗는데, 창포는 꽃대가 작은 각을 이루어 약간 굴곡져 있다. 이 꽃은 그림에서 향기가 나게 그린 이탈리아 화가와 미망인 사이에 사랑을 나누게 한 매개체이기도 하다고 한다. 우리 집 뜰에도 이 붓꽃이 꽃대를 세워 꽃을 피워 보랏빛 유혹의 눈길을 보내고 있어 한창 감상의 늪에 빠지려 하는데 얄궂은 비가 뿌리기 시작하더니 그 모습을 망가뜨려 시들게 하였다. 자연은 이 땅에 아름다움을 주고 또 앗아가 다음을 기약하라 하나 보다.

이 꽃을 두고 이윤훈 시인은 「붓꽃이 있는 풍경(-자화상)」이란 시에서 '앞뜰의 노란 붓꽃이 / 잠시 실바람을 그리고 / 고양이의 줄무늬 건반을 살짝 치다 지우고 / 허공에 방울새를 띄었다 지우고 / 나를 금생의 한 풍경으로 쓸쓸히 앉혔다. // 누가 후생에서 쓸쓸히 나를 보고 있다.'고 하여 붓꽃을 통한 시인의 자화상을 표현하고 있다. 자기가 보는 붓꽃의 모습을 붓꽃이 보는 시인의 모습으로 역발상으로 묘사하여 새롭게 느껴진다.

빼꾹나리

꽃말 당당, 영원히 당신의 것

몽고반점斑點 뚜렷한
펑퍼짐한 엉덩이

다 내놓고 앉아서 뭔 볼일 보는 걸까

빼꾸기 울음을 발라
귀밑머리 올린 꽃

설날 차례 상에 올리려고 며느리가 차려 놓은 떡국을 못된 개가 먹어 버렸다. 시어머니에게 개가 먹었노라고 아무리 변명해도 시어미는 믿으려 하지 않고 며느리를 다그치며 마구 매로 때렸다. 결국, 며느리는 시어미한테 매 맞아 목숨을 잃었다. 죽은 며느리는 그 넋이 한 마리의 새가 되어 날아갔다. 그 새는 날아가며 "떡국! 떡국!~~~" "뻐꾹뻐꾹~~~" 서럽게 울었다. 제가 먹지 않았다고, 개가 먹었다고. 소리 지르기도 했다. 뻐꾸기가 된 이 새의 서러운 울음소리를 듣고 아름다운 꽃이 태어났다는 이 꽃이 뻐꾹나리다.

꽃 이름을 들어 보면 그 생김새가 연상되는 식물 종류들이 많다. 돼지감자, 처녀치마, 깨풀, 낙지다리, 등골나물, 나비나물, 길뚝사초 등은 모두 그 동식물이나 사물을 닮았다. 그런데 이와는 반대로 생김새가 이름과는 어울리지 않아 그 이름만으로는 전혀 감이 잡히질 않는 종류도 적지 않다. 꽝꽝나무, 지포나무, 구내풀, 노각나무, 간장풀, 찝빵나무, 뻐꾹나리 등은 이름과 연관되는 것들과 사뭇 다르다. 특히 뻐꾹나리는 '뻐꾹'이란 단어가 뻐꾸기를 연상시키는데 잎이나 꽃의 모양새에서 뻐꾸기의 모양과의 연관성을 전혀 찾아 볼 수가 없다. 『한국 식물명의 유래』라는 책에도 왜 이런 이름이 붙여졌는지 알지 모른다고 되어 있단다. 그러나 잘 보면 뻐꾸기의 가슴깃무늬로부터 이름을 얻은 듯도 하다. 여름철새인 뻐꾸기가 돌아온 시기를 맞춰 그 가슴무늬의 반점을 한껏 부풀리며 앙증스레 꽃을 피우기에 그리 이름 붙인 것일까. 어떻든 뻐꾹나리라 이름 붙인 것은 그 어원은 찾을 수 없어 자세히는 모르지만 대부분 숲 속의 도랑가나 숲 입구에서 자라므로 뻐꾸기가 살고 있는 골짜기에 피는, 나리처럼 예쁜 꽃이란 뜻으로 붙인 게 아닐까 하는 생각도 해본다. 지방에 따라서는'뻐국나리'라고도 한다. 뻐꾹나리는 중부 이남의 산지에서 자라는데 개체수가 적어 희귀식물에 속한다.

50cm 남짓의 아담한 식물로 밀생하듯 작은 군락을 이룬다. 꽃 모양이 특이해서 누구나 좋아할만한 야생화이다. 솟아오른 암술과 수술이 프로펠러 같다고도 하고, 꼴뚜기나 주꾸미를 데쳐놓은 것 같다고 웃는데 어찌 보면 물을 뿜는 연못의 분수 같기도 하다. 송은애 시인은「뻐꾹나리」란 시에서 '회갑 되어 만난 첫 경험의 꽃 / 윤회의 굴레를 벗어 던지다. // 그것도 감투라고 들고 서서 / 세상을 모두 치유하려는 / 야심조차 끌어안았다. // 어둠을 뚫고 / 도도하게 / 도도하게 / 소소한 일상을 / 화려하게 부활했다.'라고 읊고 있다. 이것은 뻐꾹나리에 인사를 접맥하여 표현한 것이다. 뻐꾹나리와의 교감交感, 자연과의 교감交感으로 꽃의 인간화를 도모하고 있다. 이 꽃은 소쩍새 울면 왔다가는 봄을 손 흔들며 보내고, 뻐꾸기 우는 여름에 찾아와 피는 꽃이다. 꽃에 무슨 야심이 있으랴만 송 시인은 이 꽃의 우뚝한 모습을 보고 이를 사람들이 추구하는 감투로 보고 이를 야심을 품은 모습으로 환치해 보이고 있다.

샐비어

꽃말 타는 마음, 지혜, 정성, 정렬

연인들이 몰려와서
헌혈하다 흘린 피

활활 타는 산불처럼 산지사방 번진다

한가을 아우성치며
맺히는
핏방울들

이 꽃의 전설은 보카치오의 '데카메론'에 나오는데, 연인이 큰 샐비어 나무 밑에서 사랑을 속삭이다가 잎을 따며 말했다. "이 잎으로 치아를 닦으면 치아가 깨끗해진다오." 샐비어 잎으로 이빨을 문지른 청년은 정신을 잃더니 이내 죽어 버렸다. 사람들은 그녀가 독살했다고 의심했다. 너무나 억울해 자신도 청년과 마찬가지로 사람들 앞에서 잎을 따 이빨을 문지르고 죽었다. 사람들은 하도 이상해 나무를 뽑아 보았다. 샐비어 뿌리 밑에 두꺼비가 입으로 독을 내뿜고 있었다. 알고 보니 두꺼비가 내뿜은 독으로 그들은 죽은 것이었다. 그때부터 잎을 따서 이를 닦는 풍습이 생겼고 연인들은 샐비어 꽃빛과 같은 선홍색의 정열적인 사랑을 원하며, 샐비어 나무 같은 달콤한 보금자리를 원하여 이 꽃을 좋아했다고 한다.

잎이 들깻잎 같고 꽃이 예쁘기 때문에 깨꽃이라고도 하며 사루비아로도 불린다. 잎은 마주나기로 나며 넓은 바늘 모양이다. 여름부터 가을까지 빨간색 꽃이 이삭처럼 달려 정원을 불바다로 만드는 꽃이다. 그래서 관상용으로 각광을 받고 있다. 그러나 한껏 열정을 다해 타오르던 그 꽃잎 위에도 어느 날인가는 잿빛이 한두 점씩 내려앉을 거다. 그리도 뜨거운 열정을 짙붉게 토해내며 타오르던 샐비어 언제까지 불타지는 않을 거다. 가을도 서릿발이 날리고 눈발이라도 날린 즈음엔 아마도 자취를 감출 거다. 그 때는 서운하고 실망스럽겠지만 생명은 유전이라고 했던가. 내일 내년을 기다리며 사는 것도 희망이라는 단어로 포장되어 좋을 듯하다.

사람이나 식물이나 특히 뭇 사랑을 받는 꽃은 한 때의 화려함 뒤에는 쓸쓸한 아쉬움이 있기 마련이다. 이는 자연의 이치이다. 이를 서러워하거나 탓하면 안 된다. 자연은 억지를 좋아하지도 허용하지도 않는다. 이 꽃을 두고 시인 신현정[1948~2009]은 피를 나누어줄 수 있는 꽃으로 표현하고 있다. 그래서 그는 「사루비아」란 시에서 '꽃말을 알지 못하지만 나는 / 사루비아에게 / 혹시 병상에 드러누운 내가 / 피가 모자랄 것 같으면 // 수혈을 부탁할 거라고 / 말을 조용히 건넨 적이 있다. / 유난히 짙푸른 하늘 아래에서가 아니었는가 싶다. / 사루비아야, 수혈을 부탁해'라고 하고 있다. 참말로 수혈해 줄 만큼 붉은 피가 뚝뚝 떨어질 것 같은 꽃이다. 목숨의 시간은 어디서나 방울방울 흘러가는가 보다. 수혈을 부탁한 그 시인은 이미 떠난 지 십 년이 다 넘어가고 있는데, 그 부탁을 못 잊어서일까. 샐비어는 올해도 어김없이 피보다 붉은 꽃을 피웠다 졌다. 현직에 있을 때 40년 전쯤 어느 학교에서 교지를 만들려고 작품을 모집했는데 학생이 샐비아란 훌륭한 작품을 쓴 걸 보고, 불러서 야! 너 '샐비아'가 무슨 뜻이냐? 하니까 아이, 선생님도 마당 쓰는 싸리비도 몰라요. 하여 작품을 베껴 온 것을 안 적이 있는데 이 꽃은 3, 40년 전만하여도 일반 대중화가 덜된 꽃이었다. 요즘은 공원에, 정원에, 길가 둔덕에도 지천으로 흩어져 꽃대를 세우고 피어 있는 꽃이다. 그리움과 젊음이 아우성치는 꽃이다.

산솜다리

꽃말 귀중한 추억, 인내, 용기

비바람에
살이 튼 응달바위 깔고 앉아

첫 이슬 받아먹고 꽃이 된 솜다리

해마다
젖니로 웃는
넌 올해 몇 살이니.

눈으로 뒤덮인 스위스 알프스 산에 '에델바이스'라는 이름을 가진 소녀가 얼음집에서 혼자 살고 있었는데 원래 '에델바이스'는 천사였다. 어느 날 등산가가 그녀의 아름다운 모습에 그만 매혹되었다. 등산가는 만나는 사람마다 그녀에 대해 이야기했고 젊은이들은 '에델바이스'를 보려고 앞을 다투어 산을 오르기 시작했다 그러나 사람들은 '에델바이스'를 보지도 못한 채 등산 도중에 목숨을 잃어 갔다 이 사실을 안 그녀는 몹시 슬퍼하며 신에게 자신을 멀리 데려가 달라고 기도했다 그러자 신은 '에델바이스'를 다시 하늘로 불러 올렸다. 그녀가 떠난 얼음집에는 새하얀 꽃이 피었는데 사람들은 그 꽃을 '에델바이스'라고 불렀다고 하였다.

이 산솜다리는 솜다리 가운데 설악산 바위틈에서만 자라는 우리나라꽃 이름이다. 주변 습도가 높은 곳이나 안개가 많은 곳, 그리고 온도차가 많으며 빛이 잘 들어오지 않는 음지 바위틈에 자라는 꽃이다. 산악인들은 자신들의 기상을 담은 꽃이라고 해서 '산악인의 꽃'이라 부르기도 한다. 한때 설악산에서 나는 이 산솜다리를 에델바이스라고 해서 기념품으로 많이 유통된 적이 있다. 〈사운드 오브 뮤직〉이라는 영화에 에델바이스라는 노래가 나왔는데, 이 때문에 더욱 인기를 끌어 설악산 입구의 기념품점에서는 산솜다리를 압화押花한 액자가 많이 나돌았던 것이다. 그 바람에 산솜다리는 거의 멸종단계에 이르렀는데 요즘에는 인공재배에 성공하면서 개체수가 부쩍 늘어나고 있다 한다. 식물들은 이름을 날리면 그 생명이 위태로운 것 같다. 제발 숨어 살게 내버려둬야 할 듯하다. 이 꽃은 솜다리라는 이름이 붙었듯이 식물체에는 솜처럼 흰털이 송송 나 있다. 그래서 포근하고 아른아른하다. 이 꽃은 한 줌의 흙과 한 방울 이슬만 있어도 그것으로 만족하며 고고하게 살아가는 선비 같은 식물이다. 우리가 꽃잎이라고 알고 있는 회백색의 10장 정도의 꽃잎은 꽃잎이 아니고 가짜 꽃 포엽苞葉이라고 한다. 진짜 꽃은 포엽 안에 쌓여 노란색의 아주 작은 두상화라고 한다. 그래 그런지 우리 눈에 그 노란 꽃잎은 잘 보이지 않는다. 왜 이렇게 잎을 하얀 꽃잎처럼 변형을 시켜 꽃 주변을 치장하고 있을까? 풀벌레로부터 보호하기 위해 향기조차 가두어 두려고 그랬을까. 그래서 꽃향기가 풍기지 않는지도 모른다. 향기가 별로 없는 꽃이다. 이런 꽃이지만 시인 김 낙영은 「솜다리꽃」이란 시에서 '아들이 태어난 듯 / 신비롭다. / 내가 / 엄마 된 듯 // 딸이 태어난 듯 / 눈물이 핑 돈다. / 내가/ 아빠 된 듯'이라고 하여 그 꽃 겉모습의 아기자기함을 애지중지하는 아들, 딸에 비유하여 표현하고 있다. 정말 바위틈을 외딴 산골 초가 삼아 태어나 티 없이 자란 순진무구한 아가만 같다.

산수유

꽃말 영원불멸의 사랑

얼다가 채 못 풀린 빈 가지들 여태 떤다

지난겨울 설한풍에 고뿔이 들었나

허공에 재치기하며 노란 가래 뱉어낸다.

옛날에 어떤 딸아이가 다리가 불편한 아버지를 모시며 살고 있었는데 어느 날 아버지가 병에 걸려 다 죽게 되었다. 딸은 약을 구하러 다니다 산신령을 만나게 되었다. 산신령은 자기에 관한 이야기를 다른 사람들에게 하지 말라고 하며 무슨 열매를 주었다. 그 사람이 준 열매를 아버지에게 먹이니 아버지가 병이 나았다. 그리고 아버지에게 말한 건 괜찮겠지 하고 말을 했다. 그러나 그 소문을 들은 사람들이 산신령을 찾아다니기 시작하며 산을 망치기 시작했다. 그러자 산신령이 노해서 두 부녀가 사는 집에 산사태가 일어나게 했다. 아버지는 그때서야 놀래서 '내가 죽을 테니 우리 딸은 살려주오.'라고 빌어서 아버지는 죽고 딸은 살았다. 그러자 딸은 열심히 아버지를 살려달라고 기도를 했다. 어느 날 꿈속에 그 열매를 따다 먹이면 다시 살아난다고 해서 얼른 그 열매를 따다 먹이니 아버지가 다시 살아났다고 한다. 그 열매는 산수유 열매였다.

봄은 시속 0.8km쯤으로 온다고 한다. 지역에 따른 꽃의 개화 속도를 보면 남쪽에서 북쪽으로 그런 속도로 올라가며 핀다고 한다. 찬란한 첫봄을 알리는 것에는 숱한 자연이 있지만 뭐래도 산수유 꽃이 그 한몫을 한다. 봄에 꽃들은 왜 피나. 그것은 생기가 도는 봄에 사랑을 하려고 핀다. 사랑을 해야 열매를 맺게 되니 후손을 위한 필수 조건이 사랑이다. 시인 예이츠는 '와인은 입으로 들어오고, 사랑은 눈으로 들어온다. 그것만이 우리가 알아야 할 진실의 전부다'라고 말했다. 그래서 우리는 그 식물들의 사랑하는 모습인 꽃을 눈으로 보며 아름답다고 감탄하는가 보다. 사랑은 생명을 이어주는 보이지 않는 끈이다. 봄은 늘 사랑을 가지고 다니며 동산에 꽃을 피워내는 메신저이다. 산수유 꽃은 잎보다 먼저 피어 3, 4

월을 노랗게 물들이는 봄의 전령이다. 노란 꽃은 붉은 열매를 맺기 위해 주변 생물을 유혹하는 자연의 눈짓이다. 그 유혹에 빠져든 벌 나비 덕분에 산수유는 자손을 퍼뜨리는 섭리를 누린다.

시인 조병화는 「산수유」란 시에서 '도망가듯이 / 쫓겨 가듯이 // 세월을 세월로 하는 이 세월 / 돌밭길 가다가 // 문득 발을 멈추면 / 먼 산 중턱에 // 분실한 추억처럼 피어 있는 / 산수유 // 순간 나는 그 노란 허공에 말려 / 나를 잃는다. / 아, 이 황홀 / 잃어가는 세월이여.'라 하여 산수유 꽃을 통하여 세월의 무상을 말하고 있다. 인생은 흐를수록 추억에 사는데 이마저도 산수유 노란 꽃을 보면 이에 휘말려 세월을 잃어버린다고 하고 있다. 산수유에 몰입된 마음과 거기서 흘러버린 황홀함에 빠져 흐르는 세월을 깜박했나 보다. 그에 대한 안타까움이 스미어 있는 시이다. 꽃나무들은 변이를 만드는 귀재鬼才인가 보다. 어떻게 하얀 물을 빨아올려 마시고 색색의 꽃을 빚어내는지 신기하기 만하다. 이를 두고 변이라던가. 햇살과 바람과 물은 신이神異의 주변 인자因子임에 틀림없다.

산철쭉

꽃말 사랑의 기쁨, 사랑의 즐거움

깊은 밤 골을 돌며 소쩍새 울어 예면
자던 잠 떨치고 눈 비비는 산철쭉
봄비를 들이마시고 분홍 정분 흩는다.

중국 당나라 덕종 때 주도周鍍라는 사람이 후주천왕(後周天王.주왕)을 자칭하며 난을 일으켰으나 뜻을 이루지 못하고 당의 군사에 쫓겨 신라의 석병산(주황산)에 숨어들었다. 어두운 암굴에서 목숨을 부지하던 주도는 굴 입구에서 떨어지는 낙수에 얼굴을 씻으러 나왔다가 당나라 마馬장군의 화살에 맞아 통한을 간직한 채 숨을 거뒀다. 그 다음해 이 산에 붉은 꽃이 피기 시작 하였는데 이 꽃을 주왕의 피가 꽃이 되어 핀 것이라고 수단화(水丹花, 壽斷花)라고도 불렀다.

산철쭉은 수달래, 개꽃, 산척촉으로도 불린다. 꽃이 호화롭고 화사하여 정원수나 공원수, 절개사면의 녹화조경으로 훌륭하다. 이 꽃은 한방에서 혈압강하제로도 쓰이는데 독毒이 있어 그냥 먹으면 두통, 구토를 일으켜 위험하다고 한다. 함경도를 제외한 각처의 산지에 나는 낙엽관목이다. 꽃은 가지 끝에 잎이 핀 후에 2~3송이씩 붙고, 연한 홍자색 또는 빨간색으로 꽃의 가장자리에 검은 점이 있다. 화관의 위쪽 내부에는 짙은 자주색 반점이 있다. 산철쭉은 그냥 철쭉과는 같지 않다. 철쭉과 산철쭉의 가장 큰 차이점은 꽃이다. 분홍색에 가까운 연분홍인 철쭉에 비하여 산철쭉은 꽃색이 더 짙고 자주색에 가깝고 꽃모양도 철쭉은 납작하고 꽃잎의 끝이 둥그스름한데 산철쭉은 전체적인 꽃모양은 넓은 깔때기 모양이지만 꽃잎은 약간 길쭉하면서도 끝이 뾰족하다. 잎 모양을 보면 역시 확연한 차이를 나는데 철쭉의 잎은 끝부분이 주걱모양으로 둥글고 산철쭉은 끝은 가늘고 뾰족한 피뢰침형이다. 우리는 흔히 이 꽃을 같은 것으로 여기고 있으나 실은 이렇게 차이가 난다. 우리는 또한 가끔 산철쭉과 진달래를 혼동하는 경우도 있다. 산철쭉과 진달래는 같은 진달래아과의 낙엽관목으로 생김새도 비슷하다. 그러나 다르다. 진달래는 먼저 꽃이 피고 꽃이 지고 나서 잎이 나며, 산철쭉은 잎과 꽃이 동시에 핀다. 꽃이 피는 시기도 진달래(3월 중순)꽃이 먼저고 그 다음 잎이 피고, 진달래가 지고 난 다음에 잎이 먼저 나오고 꽃이 피는 것은 산철쭉(4월 초순)이다. 또한 꽃의 안쪽에 깨알 같은 점이 보이는 것은 산철쭉이고, 진달래는 그런 게 없다. 산철쭉의 꽃술에는 찐득한 액이 묻어나오며 독성이 있어 먹으면 위험하다. 그러나 진달래꽃은 화전花煎이라고 하여 번철에 부쳐 먹기도 한다. 그런데 문제는 진달래와 철쭉의 구분이 어렵다. 방법은 한 가지뿐이라 한다. 산철쭉처럼 잎과 꽃이 동시에 피면 철쭉이고, 꽃이 먼저 피면 진달래로 보면 된다고 한다. 시인 김춘만은 「산철쭉」이란 시에서 '강 건너 산철쭉은 / 늘어진 팔을 물에 적시고 / 그늘에 앉아 봄을 보내신다. / 양지쪽이 한 발 앞인데 / 눈으로만 맞는 봄 / 휘어진 허리를 움켜잡고 / 겨울을 지냈다. / 가지 못하니 눈으로 만나고 / 마음으로 만난다. / 빗소리 심심찮게 들리는데 / 나는 강 건너 다가가지 못하고 / 늙은 산철쭉은 몇 개 꽃눈으로 답한다.'하여 봄을 알리는 전령사로서의 산철쭉의 모습을 묘사하고 있다. 이 작품은 꽃의 속성과 모양새, 그리고 그 느낌을 잘 살려 쓴 작품인 듯하다.

살구나무 꽃

꽃말 아가씨의 수줍음

까만 밤 초롱처럼
허공에 켜놓은
일 와트 전등알이 다닥다닥 매달렸다

가지 끝
휘어잡고서
살을 떠는 잔별들

살구꽃에는 다음과 같은 재미있는 관련 고사故事가 얽혀 있다. 옛날, 후한의 재상 조조가 뜰에 살구나무를 심어 두고 소중히 하는데, 어찌 된 일인지 매일 열매가 줄어들었다. 그래서 그는 머슴을 모두 모아 놓고 이 맛없는 개살구나무를 베어 버리라고 하였다. 그랬더니 한 머슴이 "이 살구는 참 맛이 좋은데 아깝습니다."라고 하였다. 그래서 조조는 살구를 훔친 도둑을 잡았다는 일화를 가지고 있다.

또 다른 고사로는 삼국시대 오吳나라의 선인적仙人的 의사였던 동봉董奉이 환자를 치료해서 병이 치유되어도 약값을 받지 않고 중증인 자는 살구나무 다섯 그루를, 경증인 자는 한 그루를 심어달라고 했다 한다. 이렇게 해서 심은 살구나무는 수년이 지난 후에는 십 수만 그루로 늘어나 울창한 숲이 되어 살구가 열기 시작하였는데 그 숲을 동선행림董仙杏林이라고 했다 한다. 그리고 살구를 같은 양의 곡식과 자유로이 교환하여 그 곡식은 모두 가난한 사람들을 구제하는데 사용했다고 한다.

중국이 원산지인 살구나무 꽃은 연분홍이 스며든 흰색이며 줄기 마디에 1~2송이씩 핀다. 겨울 추위를 잘 견디지만 꽃눈보다 더 빨리 벌어지는 꽃눈은 늦추위에 종종 얼어 죽기도 한다. 보통 온대지방에서 널리 심고 있다. 열매의 과육 속에 있는 핵은 부드럽고 서양자두와 다소 비슷하다. 이는 날것으로 먹거나 가루반죽에 넣어 요리하거나 통조림을 만들기도 하고 건조시켜 보존가공하기도 한다. 이른 봄에 꽃이 아름답게 피며, 여름에는 과실이 열리기 때문에 관상수로서뿐 아니라 과수로도 훌륭하다. 꽃만 보아도 침이 고인다. 아마도 살구하면 신맛의 대명사로 여겨져서 그런가 보다. 이른 봄 담 한쪽에 야리야리하게 핀 살구꽃은 메마른 정서를 달래주는 더할 수 없이 요염하고 사랑스러운 꽃이다. 그래서 송찬호 시인은 「살구꽃」이란 시에서 '정말 우리는 살구꽃이 잠깐이라는 걸 안다. / 봄의 절정인 어느 날 / 살구꽃이 벌들과 / 혼인비행을 떠나버리면 // 남은 살구나무는 꽃이 없어도 / 그게 누구네 나무라는 걸 훤히 알듯이~ 살구나무와 연애 한 번 하지 않아도 / 살구나무가 입은 속옷이 / 연분홍 빤쓰라는 걸 / 속으로만 우리가 알고 있듯이'라고 표현하고 있다. 누가 뭐래도 산간 농촌을 아름답게 꾸미고 정을 느끼게 하는 것은 바로 이 살구꽃이다. 이 꽃을 보며 시인은 살구나무가 무슨 색 속옷을 입고 있는지도 짐작이 간다고 했다. 연분홍 빤쓰를 입고 있다고. 해마다 4월이면 살구나무는 어둠이 꾸벅꾸벅 조는 한밤중에 소리 없이 펑펑 튀밥 같은 꽃잎을 부끄럽게 터뜨린다. 그 모습은 밤하늘 별빛 같고, 지상의 어둠을 밝히는 전구만 같다. 반짝이는 별빛이나 1와트쯤 되는 전구들이 다닥다닥 한껏 수줍음 떨며 매달린 것만 같다. 고향집 바깥마당에 서 있던 살구나무는 이제는 어디로 이사 갔는지 보이지 않는다. 바람이 부는 날이면 꽃이 진 자리마다 매달려 있던 살구들이 뚝뚝 떨어져 매방앗간 추녀를 때리던 그 소리가 갑자기 그리워진다.

서향

꽃말 꿈속의 사랑, 편애

서향瑞香이 다 저녁때
한약 한첩帖 지어온다

봄 샘물 길어다가
밤을 새워 달인다

새벽녘 약탕기藥湯器 여니
펵! 서향瑞香이 진동한다.

옛날 중국에 한 비구니 스님이 낮잠을 자는데 꿈속에서 향기가 너무나 좋아 그 향기를 따라가 보니 극락세계 문 앞에 작은 꽃나무가 있는데 붉은 색도 아니고 그렇다고 흰색도 아닌 그저 붉고도 흰 꽃 덩어리가 눈에 들어왔다. 그 꽃은 가까이 다가갈수록 이승의 꽃이라 할 수 없고 영락없는 천상의 꽃이었다. 깜짝 놀라 잠에서 깨보니 그 기억이 너무 생생해 비구니는 그 꽃을 찾아 산으로 들어가 여기저기 찾아 헤맸다. 드디어 비구니는 꿈에 본 그 꽃을 만났다. 마을로 그 꽃나무를 가지고 와서 이름을 물어보니 아는 이가 없었다. 그래서 그냥 수면 중에 본 꽃이기에 '수향睡香'이라고 이름 지어 부르다가 나중에 향기가 너무 상서로워 '서향瑞香'이라 고쳐 불렀다고 한다.

서향의 고향은 중국이라고 한다. 이 꽃은 이름 그대로 상서로운 향기가 나는 나무다. 추위에 약하여 남부지방 외엔 심고 가꿀 수 없었다. 그런데 온난화 영향인가 여름이면 많은 집 추녀 밑에서 요즘은 심심찮게 볼 수 있다. 3~4월에 꽃이 피는데 그 향기가 바람이 부는 방향에 따라 줄잡아 1~2킬로미터 밖에서도 향기를 맡을 수 있을 정도로 진하다. 향기가 천리, 만리 간다고 천리향, 만리향이라고도 한다. 이 꽃나무 한 그루만 현관 끝에 있어도 온 집안이 향기로 진동하여 코끝이 호강한다. 우리나라에 있는 것은 대부분 수나무라서 열매를 맺지 않는다. 그래서 꺾꽂이로 싹을 틔워 번식시키고, 이식 시기는 6-7월의 장마 때가 활착률이 좋다. 시인 김춘수는 「천리향」이란 시에서 '꽃망울 하나가 가라앉는다. /

얼음장을 깨고 깊이깊이 / 가라앉는다. / 어둠이 물살을 그쪽으로 몰아붙인다. / 선달에 홍역처럼 돋아난 / 꽃망울, / 저녁에는 함박눈이 내린다. / 마을을 지나 / 잡목림雜木林 너머 왔다 간 사람은 / 아무데도 발자국을 남기지 못한다. / 달은 서천西天을 가고 있고 많은 별들이 아직도 어둠의 가슴을 우비고 있을 때 천리향이 홀로 눈 뜨고 있다.'고 하여 밝아오는 새벽녘에 천리향은 깨어서 향기를 피우려 함을 표현해 보이고 있다. 이 서향은 아무래도 거실에 키우는 놈인 것 같다. 표현은 얼음장 속에 피는 모습으로 하였지만 한겨울 밖에서는 이 서향이 살아남기 힘들다. 그래서 상상으로 그 모습을 시로 만들어낸 듯하다. 겨울을 이기고 피어난 서향이 얼음장 속에 가라앉고, 거기에 어둠이 겹치니 좀은 쓸쓸하고 암울한 느낌이 든다고 하지 않았나. 어쨌든 흔적 없는 순수 속에 피어나는 꽃모습이 신비롭다. 얼음을 깨고 가라앉는 꽃망울이 홍역처럼 돋아나고, 함박눈 내리는 저녁이면 자취를 다 지우고 떠난 그리운 이처럼 상서로운 향기로 남은 천리향千里香, 눈 위에 떨어져 금세 뽀드득 소리가 날 것만 같은 꽃망울이 그리움으로 눈썹 끝에 아롱대는 모습이 눈에 선하다.

석류꽃

꽃말 원숙한 아름다움, 바보

시뻘겋게 다문 입술 벙글 대로 벙글었다

하늘이 번개 쳐서 불을 질러 놓았나

재 없이 활활 타올라 잉걸불로 덩이졌다.

옛날 인도의 어느 마을에 어린이를 잡아가는 마귀할멈이 있었는데 그는 어린이들을 잡아다 보석과 바꿔 가졌다. 마을에서는 큰 소동이 일어났다. 어린이들은 절대 혼자 밖에 나가 놀지도 못했다. 마을 사람들이 부처님께 찾아가 대책을 세워 달라고 말했다. 부처님께서는 마귀할멈의 버릇을 고치기 위해 그녀의 딸 하나를 감춰 버렸다. 마귀할멈은 자식을 천 명이나 두었지만 한 명의 자식이 없어졌기 때문에 온 동네를 돌아다니며 울고불고 야단이었다. 부처님께서는 마귀할멈을 향해 말했다. "너의 아이 천 명 중에서 겨우 한 명을 잃었는데 그처럼 슬퍼하느냐?" 하며 "내가 너에게 루비를 마음껏 가져가게 할 테니 어린이들을 부모의 품으로 돌려보내겠느냐? 그렇게 하면 너의 자식도 내가 찾아 주마." 마귀할멈은 그렇게 하겠다고 약속했다. 부처님께서는 빨간 루비가 산더미처럼 쌓인 창고로 마귀할멈을 데려갔다. 그리고 커다란 자루를 주면서 가지고 갈 수 있는 만큼 담아 가라고 했다. 마귀할멈이 루비를 자루 가득 담았더니 너무나 무거워 도저히 들 수가 없었다. 몇 번이나 들었다 놓기를 반복하고 있을 때 사랑하는 막내가 어머니를 찾아왔다. 보석에 눈이 멀어 자식도 안중에 없었다. 가까스로 자루를 메고 창고 밖으로 나왔으나 무거운 자루를 지고 비틀거리다 그 무게에 눌려 쓰러져 죽고 말았다. 죽은 마귀할멈의 손에는 열쇠 꾸러미가 들려 있었다. 그 열쇠로 어린이들이 갇혀 있는 방문을 열어 많은 어린이들은 부모의 품으로 돌아갔고 몇 해가 지나자 할멈이 죽은 자리에서 한 그루의 나무가 자랐다. 그 나무는 붉은 비단 주머니 같은 열매가 달린 석류나무였다.

석류나무는 키가 5~7m 정도까지 자라며, 주홍빛을 띠는 붉은 꽃이 핀다. 그 열매인 석류는 9~10월에 노란색 또는 노란빛이 도는 붉은색으로 익는데, 크기가 오렌지만하고 부드러운 가죽질의 껍질로 덮여 있다. 성서聖書에 보면 솔로몬 왕은 석류과수원을 가지고 있었고, 유대인들이 이집트에서의 편안한 생활을 버리고 황야를 떠돌아다닐 때 그들의 기억 속에 남아 있는 석류의 시원함을 간절히 바랐다고 한다. 이 때문에 석류는 이란과 그 주변 국가가 원산지로 사람들은 생각하지만 오랫동안 지중해 지역에서 두루 심었고 아라비아 반도, 아프가니스탄, 인도에까지도 확산되어 있어 어디가 참말로 원산지인지는 오리무중五里霧中이라고 한다. 미국의 따뜻한 지방에서 칠레에 이르는 아메리카 지역에서도 많이 심고 있다. 우리나라는 중국을 거쳐 들어와 재배되는 것으로 추측된다. 빨간 과즙果汁에 둘러싸여 있는 그 열매의 속살은 무슨 용암이 방금 흘러 괴여 있는 것 같다. 아니 루비를 가공해 주머니 속에 감춰놓은 것이 아닐까 착각하게 한다. 차가운 불덩어리로 사랑과 그리움이 엉겨 있는 듯 사람의 눈을 의심하게 한다. 이를 서지월 시인은 「석류꽃」이란 시에서 '그대 집 가는 골목 담 위에 / 고개 빼들고 붉게 피어서 / 내다보는 석류꽃 보았네. / 속엔 무얼 감추고 있는지 몰라도 / 다홍치마 빛이라는 것 / 그네 잘 뛰는 춘향이가 즐겨 입었을 / 다홍치마 빛이라는 것~ 마파람은 살랑살랑 시절 좋다고 / 석류꽃은 그네를 타는데…… / 내 마음도 그네를 타는데……'하여 바람에 산들거리는 석류꽃을 춘향이 그네 뛰는 모습으로 환치하였고, 스스로를 석류꽃과 동일시하여 석류꽃의 아름다움에 들뜬 가슴을 표현함으로써 모두의 공감 세계를 펼쳐 보이고 있다.

모든 음식은 약으로도 그 효용가치가 있는데, 석류는 갱년기 여성이 겪는 불면증, 현기증, 안면 홍조증 예방에 도움이 되고, 높은 수준의 항산화 물질이 있어 암 유발을 억제하며, 여러 가지의 영양소가 많이 함유되어 있어 건강한 혈압을 만들어 주어 심혈관계 건강을 촉진시킬 수 있다고 길거리 약장사가 외던 소리 같은 이야기가 펴져 있다. 그러고 보니 어쩜 만병통치약인 것이 아닌가 하는 생각을 하게 된다.

소나무꽃

꽃말 무병장수, 절개, 곧은 정신

백년에 한번 피는
핏빛 꽃은 말하네

늙어도 풋풋해야 속사랑을 느낀다고

에이 참!
늙어가는 일
바람소리 같은데…….

깊은 숲 속에 사는 요정 피티스는 목신인 판의 매력에 이끌려서 사랑에 빠졌다. 그런데 신 보레아스는 피티스를 짝사랑하고 있었다. 보레아스는 피티스가 판을 사랑하고 있다는 것을 알고는 폭풍과 같이 끓어오르는 질투의 화염에 휩싸였다. 드디어 보레아스는 피티스에게 사랑을 고백했다. 그러나 피티스는 눈길도 주지 않았다. 보레아스는 폭발할 것만 같은 감정을 겨우겨우 억제하며 몇 번이고 더 회유하다가 협박까지 했지만 피티스는 냉랭하고 단호하게 거절했다. 보레아스는 더 이상 참을 수가 없어 피티스를 산으로 끌고 올라가 마지막으로 애원을 해보았다. 그러나 피티스의 마음은 변치 않았다. 보레아스는 결국 극단적인 좌절감에 괴롭게 울부짖다가 좋아하던 피티스를 낭떠러지 벼랑으로 밀쳐버렸다. 피티스는 굴러 떨어지며 팔, 다리가 분질러지며 안타깝게도 그 자리에서 죽었다. 죽은 피티스는 한 그루의 소나무가 되었다. 피티스는 소나무가 된 뒤에도 부러진 가지를 애처로이 지녔는데 그 가지에서는 맑은 송진 방울이 뚝뚝 떨어졌다. 피티스가 자신의 젊은 시절 그리도 사랑했던 판을 떠올리면서 남 몰래 혼자 흘렸던 눈물이 송진이 됐다는 전설이다.

최근에 안 일이지만 소나무는 백년에 한 번씩 화려한 붉은 꽃을 피운다고 한다. 본 적이 없어 신기하기만 하다. 위 사진은 그 꽃을 스마트 폰 톡으로 누군가가 보내준 것을 보고 옮겨 올렸지만 나에게는 신이神異이다. 그래서 의문이 든다. 매년 봄이면 송홧가루라 하여 노란 가루를 날리는 송화松花는 무엇인가. 소나무에게는 일 년에 한번 피는 단기短期꽃이 있고 백 년에 한번 피는 장기長期꽃이 있는 걸까. 아마도 백 살일 때는 한 세기 삶의 기념으로 아주 정열적인 핏빛으로 이런 가장 화려한 꽃을 피우는 것인가. 소나무는 우리 인간에게 희생적인 삶을 산다. 솔잎은 채반에 깔고 송편을 쪄 솔내를 솔솔 풍기는 송편을 만들 때 쓰고, 방아에 찧어서는 솔떡을 만들기도 한다. 그리고 소나무 마디인 송절松節로는 송절주松節酒, 소나무 순으로는 송순주松筍酒라는 술도 빚는다. 또한 솔뿌리는 오랜 동안 나무와 나무를 접목하는 데와 일상으로 쓰는 바가지, 체 등을 꿰매는 데 사용하여 왔다. 이렇듯 쓸모 많은 나무가 소나무이다. 그런데 요즘 오존층이 파괴되어 감에 따라 이상기후로 소나무 생존의 적정지대인 우리나라와 같은 온대의 나라들이 열대熱帶가 되어 감에 따라 소나무들이 자꾸 북쪽으로 피난가고, 때로는 말라죽어 그 빈자리를 잡목들이 차지해 가고 있다. 어쩌면 우리나라 최고의 소나무로 칭송받아 궁궐 짓는데 최적의 나무로 여기던 나뭇결이 볼그스름하고 곧은 금강송이 우리의 백두대간에서 사라질지도 모른다고 생각하니 아찔하다. 소나무는 인간의 심폐기능을 강화시켜주는 귀한 존재이다. 그런데 옛날엔 보도 듣도 못했던 재선충材線蟲이란 놈까지 출현하여 소나무에 기생하며 목질을 갉아먹는다. 그 바람에 소나무들이 무참히 시들어 죽어가고 있다. 이 벌레는 특히 일본, 타이완, 대한민국에서 소나무에 치명적인 해를 끼치고 있다 한다. 조선시대에는 소나무를 존중하는 사상이 있어 왕가에서는 능묘 주변에 이를 많이 심었고, 보통 사람들도 조상 산소 주위에 이를 심었다.

예로부터 우리 선조들은 눈보라에도 잘 견디는 이 소나무를 십장생이라 하여 귀히 여겼다. 또한 이 나무는 모진 풍파를 이겨 나가는 선비의 의연함에도 대비되었다. 그래 그런지 소나무는 수천 년 동안 우리와 같이했다. 그만큼 친밀감이 있는 나무가 소나무이다. 이런 소나무의 특성을 이용하여 그 감성을 표현한 시인은 나희덕이다. 그는 「소나무의 옆구리」란 시에서 '어떤 창에 찔린 것일까 / 붉게 드러난 옆구리에는 / 송진이 피처럼 흘러내리고 있다. // 단지 우연에 불과한 것일까 / 기어가던 개미 한 마리 / 그 투명하고 끈적한 피에 갇혀버린 것은 / 함께 굳어가기 시작한 것은 // 놀라서 버둥거리다가 움직임을 멈춘 개미, / 그날 이후 나는 / 소나무 앞에서 걸음을 멈춘다. / 제 목숨보다도 단단한 돌을 품기 시작한 / 그의 옆구리를 보려고 // 개미가 하루하루 불멸에 가까워지는 동안 / 소나무는 시들어간다. / 불멸과 소멸의 자웅동체가 / 제 몸에 자라고 있는 줄도 모르고' 하여 소나무의 피인 송진에 한 생명 개미가 갇혀 굳어가고, 소나무는 또 바위를 품는다. 그렇게 생명체를 품고 있는 한 생명체는 개미가 버둥거리다 죽듯 그도 시듦을 표현해 보이고 있다. 세상에 불멸은 없다.

수련

꽃말 담백, 결백, 신비, 청정

햇살 먹은 요정들이 황금 입술 내민다
슬며시 저녁놀에 향 놓고 눈감는다
자는지 참선하는지 숨소리가 가만하다

자배기에 한가히 떠다니는 심心자들
잔물결이 일렁여 몸의 때 벗겨낸다
우주가 새로 열리고 빙그레 웃는 부처.

옛날에 세 딸을 가진 그리스 여신이 있었다. 그녀는 딸을 한명씩 불러 "커서 무엇이 되고 싶냐?"고 물어보았다. 맏딸은 물을 지키는 "물지기"가 되겠다고 했고, 둘째딸은 "물을 떠나지 않고 엄마 분부대로 하겠다."고 대답했고, 막내딸은 "어머니께서 하라는 대로 하겠다"고 대답 했다. 어머니는 그들의 원대로 맏딸은 바다를 지키는 여신으로 만들고 둘째딸은 안쪽 바다를 지키는 여신으로, 그리고 막내딸은 파도가 일지 않는 호수의 '수련'으로 피어나게 하였다는 전설이 있다.

이 꽃은 매해 6월과 8월 사이에 아침 햇살을 받으며 피었다가 저녁노을과 함께 잠든다고 해서 수련이라 부른다. 수련 가운데 집에서 관상용으로 키우는 각시수련이 있는데 이 수련은 엄지손톱 보다 작은 꽃을 피운다. 너무 사랑스럽고 깜찍한 예쁜 수련이다. 자배기나 못 쓰는 돌절구에 물을 담아 이 수련을 띄워놓고 즐기면 되는데 특별히 손이 가지 않아 키우기가 수월하다. 아기자기하게 핀 이 꽃을 보고 있노라면 아장아장 걸으며 새근새근 웃음을 날리는 어린 아이의 티 없는 모습을 보는 것 같아 마음이 즐겁다. 수련은 물의 요정이라고들 하는데, 아침 이슬에 금방 씻은 듯한 모습을 물 위로 내밀 때는 참말로 신비롭고, 첫사랑을 만난 듯 묘한 감정을 불러일으킨다. 수련은 그 잎사귀들이 잘 닦은 거울처럼 반짝반짝 윤이 난다. 바람결에 날리는 은은한 향기는 고요 속에 더욱 맑아 어쩜 선禪의 경지에 든 듯하다. 이런 이 꽃이건만 민족의 아픔, 역경을 헤치고 태어나는 민족성을 현실감 있게 노래한 시가 있다. 베트남의 시인 찜짱(본명 Ho Van Ba, 67) 이 쓴 「수련 꽃」이다. '이른 아침 뜰에 나가 수련 꽃을 땄네. / 폭탄 구덩이 아래 어머니가 심은 수련 꽃 / 아아, 어디가 아프길래 물밑 바닥부터 / 잔물결 끝도 없이 일렁이는가. / 몇 해 지나 폭탄 구덩이 여전히 거기에 있어 / 야자수 이파리 푸른 물결을 덮고 / 아아, 우리 누이의 살점이던가. / 수련 꽃 오늘 더욱 붉네.'라고 하여 1970년대 공산 월맹과 자유 월남(일명 사이공 정권)이 맞붙어 밀고 밀리는 오랜 전쟁을 치른 아픔을 표현한 시이다. 그 때의 베트남 모습이 어쩌면 그렇게도 50년대 북한과 자유 대한민국의 모습을 빼 닮았는지 깊은 상념 속에 잠기게 되는 것은 웬 까닭일까? 찜짱의 시는 오랜 전쟁의 그늘을 벗고 인내와 희망으로 나라를 일으킨 감동스런 마음을 표현하고 있다. 우리 민족도 언젠간 감동의 통일을 맞이하겠지. 막연한 희망을 띄워본다. 불교에서는 세상만사는 마음에 달렸다고 한다. 그런 불심이 이 수련에 숨어 있기에 새로운 희망을 열며 수련들은 펼쳐진 마음 심心자로 이 세상을 떠다니며 밝히나 보다.

수선화

꽃말 자기애, 자존심, 고결, 신비

외롭다 하지 마라 사는 일은 다 그렇다
구름도 가끔은 울컥하여 비가 된다
수선화 발을 담근 채 외로워 가슴 떤다

애 태우는 에코 사랑 외로워 더 빛난다
골똘한 속마음이 어느새 꽃이 된다
수선화 외로움에 빠져 미소마저 하얗다.

고대 그리스에 나르시스라는 소년 목동이 살고 있었다. 많은 요정들이 나르시스의 미모에 반해 구애를 했지만 나르시스는 자신이 몰고 다니는 양떼에만 신경을 쓸 뿐 요정들의 구애에는 관심이 없었다. 요정들은 저마다 자신이 나르시스의 사랑을 독차지할 거라고 이야기했지만 그 누구도 그의 사랑을 받지 못했다. 요정들 중 '헤라'여신의 저주를 받아 스스로 먼저 말할 수 없고 오로지 상대방의 마지막 말만을 되풀이 하는 숲의 요정 '에코'가 있었다.

에코요정은 나르시스를 너무나 사랑했다. 먼저 말을 할 수 없는 에코는 용기를 내어 나르시스의 목을 껴안았다. 나르시스는 진저리치며 그녀를 떼어 놓았다. 에코요정은 너무 부끄러운 나머지 숲 속 깊은 동굴로 숨어버렸다. 실연당한 에코 요정은 나르시스를 사랑하다 점점 야위어 결국엔 형체마저 사라져 메아리만 남게 되었다. 나르시스의 무관심에 지친 한 요정이 그를 원망하며 복수의 여신을 찾아갔다. 요정이 복수의 여신에게 '나르시스가 처음 보는 이와 사랑에 빠지게 해 주시고 그 사랑이 깨지게 해달라고.'소원을 말했다. 복수의 여신은 그 요정의 저주 소원을 들어주기로 했다.

나르시스는 양떼를 몰고 가다 목이 말라 근처 연못으로 가 물을 먹으려던 그 때 나르시스는 연못에 비친 아름다운 얼굴에 반하게 되었다. 그게 자기 자신의 얼굴이라고는 생각하지 못했다. 마음을 빼앗긴 나르시스는 사랑에 빠져 버렸다. 물위에 반사된 자신의 모습을 연못속의 요정으로 생각한 나르시스는 사랑에 빠져 그 자리를 떠날 줄을 몰랐다. 결국엔 물위에 비친 자기 자신을 따라 들어가 연못 속에 빠져 죽고 말았다. 그가 죽은 자리에서 꽃이 피어났는데 청초하면서도 가련한 수선화였다.

수선화는 아무래도 외롭고 쓸쓸한 꽃인 것 같다. 보기엔 물속에 신선처럼 우아하게 피어 있지만 어딘가 고적감이 서려 있다. 우리나라에서는 주로 남부지방에서 관상용으로 재배하는데 잎은 난초잎 같이 선형이고, 꽃은 12월부터 이듬해 3월경까지 꽃줄기 끝에 6개 정도가 옆을 향해 핀다. 원산지는 지중해 연안으로 특히 스페인·포르투갈에 많으며, 북아프리카에도 분포한다. 수선이라는 말은 성장에 많은 물이 필요하다는 뜻과 물에 사는 신선이라는 이중의미를 내포하고 있다.

수선화는 생즙을 내어 부스럼을 치료하고, 꽃으로 향유를 만들어 풍을 제거하며 발열·백일해·천식·구토에도 이용한다니 이 꽃은 신선이 보내는 약초인가 보다. 미국의 동화작가이자 원예가인 타샤 튜더는 수선화 없는 생활이란 생각할 수 없다고 했다. 그는 수많은 꽃을 기르고 정원을 가꾸며 수선화에 대한 사랑을 그렇게 표현한 것이다. 고대 그리스의 시인 호메로스도 수선화를 찬양하는 시를 지었다고 한다. 그러고 보면 이 수선화는 예부터 많은 사랑을 받아온 꽃이라 할 수 있다. 이 꽃은 맨 먼저 봄을 알리는 알뿌리 식물로 밝은 노란빛은 주위를 화사하게 하고 마음까지 밝게 만드는 봄의 전령이요, 대표주자이다. 그래서 영국의 계관시인인 윌리엄 워즈워드는 「수선화」란 시에서 '물결도 곁에서 춤을 추었지만 / 수선화들의 기쁨은 그들보다 더 반짝이고 있었네. / 그런 친구 함께 있는 / 시인인들 어찌 즐거워하지 않으랴. / 어떤 부

富 나에게 안겨 주었는지 생각도 않고 / 넋 잃고 자꾸 그들을 바라보았네. / 텅 빈 기분에 깊이 잠겨 / 침상 위에 누워 있을 때 / 고독의 축복을 내 마음의 눈에 반짝이노라. / 그럴 때면 내 마음은 기쁨에 넘쳐 / 수선화와 함께 춤을 추노라.'하여 수선화를 기쁨과 환희를 가져다주는 꽃으로 표현하고 있다. 아무래도 수선화는 청초하고 가련한 게 아니라 귀엽고 아름다운 생기발랄한 미소년인 듯싶다. 여기에 우리도 끼어 마음을 한창 부풀리고 싶다. 누구나 있을 꽃 시절을 느끼며 생각하며 누구나 나름의 꽃을 피우고 싶어 한다. 이것이 인간의 마음이다.

쑥부쟁이

꽃말 인내, 기다림, 그리움

초저녁
별들 잔치 초대받아 얼린 항아姮娥

연보라 그리움을 허공에 뿌리다가

샐녘쯤
가삐 돌아와 음전을 떠는 선녀仙女

옛날 어느 마을에 지극히 가난한 대장장이 집 11남매 중 큰딸은 쑥 나물을 좋아하는 동생들을 위해 늘 들이나 산을 돌아다니며 쑥을 열심히 캤다. 그래서 동네 사람들은 그녀를 '쑥을 캐러 다니는 불쟁이네 딸' 이라는 뜻으로 쑥부쟁이라 불렀다. 어느 날 쑥부쟁이가 쑥을 캐며 산 중턱쯤 내려왔을 때 한 사냥꾼이 멧돼지를 잡는 함정에 빠져 허우적거리고 있었다. 쑥부쟁이는 그를 구해 주었다. 사냥꾼은 자신이 서울 박재상의 아들이라고 말한 뒤 다음 가을에 꼭 다시 찾아오겠다는 약속을 남기고 떠났다. 쑥부쟁이는 그 사냥꾼의 씩씩한 기상에 호감을 갖고 다시 만날 수 있다는 생각에 가슴이 부풀었다. 드디어 가을이 돌아왔다. 쑥부쟁이는 사냥꾼과 만났던 산을 하루도 거르지 않고 매일 올라갔으나 사냥꾼은 나타나지 않았다. 쑥부쟁이는 가슴이 탔다. 애타는 기다림 속에 가을이 몇 번이나 지나갔다. 쑥부쟁이의 그리움은 갈수록 더 해 갔다. 어느 날 쑥부쟁이는 몸을 곱게 단장하고 산으로 올라가 깨끗한 물 한 그릇을 정성스레 떠놓고 산신령님께 기도를 드렸다. 그러자 갑자기 몇 년 전에 목숨을 구해 준 노루가 나타나 쑥부쟁이에게 노란 구슬 세 개가 담긴 보랏빛 주머니를 건네며 말했다. "이 구슬을 입에 물고 소원을 말하면 이루어질 것입니다." 말을 마친 노루는 곧 숲속으로 사라졌다. 쑥부쟁이는 우선 구슬 한 개를 입에 물고 소원을 말하였다. "우리 어머니의 병을 낫게 해주십시오." 그러자 신기하게 어머니의 병이 순식간에 완쾌됐다. 구슬 중 또 하나를 꺼내 물고 소원을 빌었다. 그러자 바로 사냥꾼이 나타났다. 그러나 그 사냥꾼은 이미 결혼을 하여 자식을 둘이나 둔 처지였다. 사냥꾼은 자신의 잘못을 빌며 쑥부쟁이에게 같이 살자고 했다. 그러나 쑥부쟁이는 그에게는 착한 아내와 귀여운 아들이 있으니 그를 다시 돌려보내야겠다고 하나 남은 구슬을 입에 물고 가슴 아픈 소원을 말하였다. 그 후 쑥부쟁이는 동생들을 보살피며 항상 산에 올라가 나물을 캐다가 그만 발을 헛디뎌 절벽 아래로 떨어져 죽었다. 쑥부쟁이가 죽은 그 산의 등성이에는 더 많은 쑥들이 무성하게 자라났다. 사람들은 이를 쑥부쟁이 나물이라 불렀다.

청초하고 가녀린 풀꽃. 서리에 맞아 서 있는 모습이 보는 이의 가슴을 서늘하게 한다. 얼핏 보면 들국화 같지만 들국화보다는 자잘한 모습이 무척이나 귀여움을 느끼게 하는 꽃이다. 가을 들판에 하얗게, 더러는 연보라로 무리 지어 소담스럽게 핀 쑥부쟁이 꽃은 마치 가을을 속삭이는 듯하다. 이 꽃은 꽃 모양이 소박하고 요란하지 않으나 한 가지에 많은 꽃송이가 피어 있어 화사한 자태가 일품이다. 그 작은 꽃송이에서 뿜어내는 향기가 인근 각처에서 곤충들을 쉴 새 없이 불러들인다. 벌들이 찾아오고 나비가 날아들고 쇠파리까지 덩달아 모여 야단법석이다. 자잘한 야생화가 산비알에서 이렇듯 많은 곤충들을 불러 모으다니 경이로운 일이다. 벌나비들이 신명나는 몸짓으로 한바탕 춤을 추고 있다. 마치 쑥부쟁이 꽃이 무대가 되고, 벌 나비가 무희가 되어 날개를 폈다 접었다 날갯짓으로 스스로 배경음악을 연주하며 한바탕 공연을 벌이고 있는 것만 같다. 성윤자 시인은 「쑥부쟁이 꽃」이란 시에서 '서리 내린 추운 날 / 홑껍데기 꽃 / 작은 키 야윈 몸 / 너는 애잔히 / 이렇게 시린 날 / 꽃 한 번 피우려고 / 오던 길 꽃 잔치 / 못 본 체하고 / 사계절 끝자락에 / 홀로 앉아서 / 철없이 웃음 짓는 / 쑥부쟁이 꽃'이라고 하여 때 늦은 가을에 서리 내린 들판에 으스스 떨며 애잔히 피어 있는 이 꽃의 철없음과 끈질김을 표현해 보이고 있다. 봄, 여름 다 보내고 왜 가을에 홀로 필까. 혼자서 귀염을 받고 싶어서 일까. 아니면 우리에게 역경을 이기는 모습을 보여줌으로서 삶에 깨우침을 주려함일까. 저문 계절 자락 잡고 간당간당 매달려 웃음 짓는 너는 분명 이 땅의 요정이렷다. 아니 달나라에 산다는 아름다운 선녀 항아姮娥만 같다.

안개꽃

꽃말 간절한 기쁨, 밝은 마음, 약속(백색)

산바람에 느껴 울며 살 비비고 앉았다

가슴엔 그리움이 아롱아롱 서렸다

흰 눈물 이슬이 되어 쌀알처럼 맺혔다.

제니라는 여자가 바다에 떨어졌는데 해군 장교가 그녀를 구해 줬고 두 사람은 서로 사랑하게 되었다. 그런데, 어느 날 전쟁이 일어나 장교가 전쟁에 참여해야만 했다. 제니는 날마다 기도했다.

드디어, 전쟁이 끝났지만 장교는 죽었다는 소식이 마을에 전해지고 제니는 무척 슬퍼했다. 그렇게 시간이 흐르고 한 부잣집 아들이 제니에게 청혼을 했다.

제니는 거절을 했다. 그러자, 부잣집 아들은 제니와 결혼하게 되었다는 헛소문을 퍼트렸다. 제니의 슬픔은 더해갔다. 어느 날 갑자기 장교가 살아서 돌아왔다. 그 사실을 알게 된 부잣집 아들은 병사들을 찾아가 도망병이 있으니 잡아가라고 했으며, 돈을 받은 병사들은 장교를 잡아 죽일 준비를 하였다. 부잣집 아들은 장교를 고향으로 보낸다고 거짓말을 하고 죽이려고 했다. 뒤따라오던 제니가 정말 간절히 기도를 했다. 제니가 기도를 하자 갑자기 짙은 안개가 병사들과 부잣집 아들을 둘러쌌다. 부잣집 아들은 안개를 벗어나려고 날뛰다가 자기 칼에 찔려 숨을 거두게 되었다. 그리고 안개 속을 간신히 헤치고 나온 병사들은 바닷가를 둘러보았는데 하얀 꽃만 흐드러지게 피어있을 뿐 아무도 없어 그냥 돌아갔다. 그 후 쓰러져 있던 제니와 장교가 일어났다. 그러자 잔잔한 꽃들이 그들의 둘레를 감싼다. 그 때부터 이 꽃을 안개꽃이라고 부르게 되었다.

참 그윽하기도 하다. 아니, 잔잔하고 아기자기하다. 이 꽃은 몰려 있을 때 그 아름다움이 절정을 이룬다. 무언가 숱한 이야기를 품고 있을 듯하다. 그런데 말을 하지 않고 침묵을 지킨다. 어찌 보면 첫새벽 풀잎마다 아롱다롱 맺혀 있는 이슬도 같고, 갑자기 내리는 싸락눈 같기도 하다. 아니 밤하늘에 빛나는 별 뒤에서 깜박

거리는 잔별과도 같다. 그래서 신비로움을 주는 꽃이다. 꽃다발을 보라. 주인공이 아닌 조연이지만 주인공 꽃 못지않게 시선을 끄는 꽃이 바로 이 안개꽃이다. 이런 꽃의 특성을 잘 살려 쓴 시에는 복효근의 「안개꽃」이 있다. '꽃이라면 / 안개꽃이고 싶다 // 장미의 한복판에 / 부서지는 햇빛이기보다는 / 그 아름다움을 거두는 / 안개이고 싶다 // 나로 인해 / 네가 아름다울 수 있다면 / 네 몫의 축복 뒤에서 / 나는 안개처럼 스러지는/ 다만 너의 배경이어도 좋다.' 이 시를 보면 하나의 꽃다발에서의 안개꽃의 역할이 확연하게 표현되어 있다. 인생의 주연이 아니라 조연으로 살고 싶다는 시인의 바람이 이 꽃에 의탁되어 표현되고 있다. 영화나 텔레비전 연속극에서 주연보다 빛나는 게 조연이고, 그 배우로서의 수명도 주연보다 조연이 쉼 없이 길다는 이야기를 들은 적이 있는데 이 안개꽃이 바로 그런 존재라는 생각이 든다. 홀로 피었다가 보는 이 없이 홀로 지는 꽃은 얼마나 쓸쓸하고 외롭겠는가. 우리의 삶도 다르지 않다는 생각이다. 사람이나 꽃이나 서로 어울려야 더 아름답고 각광을 받는다고 한다. 안개꽃은 스스로 눈길을 끌지는 않지만 어울려 있는 그 꽃은 우리의 시선을 잡아끈다. 안개꽃은 다른 꽃들을 더 돋보이게 한다. 안개꽃과 함께한 꽃들은 더 청초하고 아름답다. 안개꽃은 모든 꽃들을 껴안는다. 그렇게 너그러운 꽃이다.

앵두꽃

꽃말 간절한 기쁨, 밝은 마음, 약속(백색)

지끼리 봄바람에 홀딱 반한 저 바람기
그 전엔 동네처녀 헛바람을 내더니
오늘은 지 바람기를 못 이겨 낯붉히네

못 지울 지 부끄럼 활활 달군 저 입술
그 섬섬한 유혹이 눈앞에 선해서
지끼리 양수 터뜨려 승화된 사랑 펴네.

옛날에 한 효심 깊은 농부가 있었는데 그는 늙은 어머니를 잘 보살피며 살고 있었지만, 나이가 나이인지라 하루하루 병이 깊어 시름시름 앓던 어머니가 새콤하고 맛있는 과일을 너무나 먹고 싶어 하였다. 하지만 그 때는 아직 여름이라 나무에 맛있는 열매들이 맺기에는 조금 이른 시기였기에 어머니에게 맛있는 음식하나 대접하지 못한다는 슬픔으로 농부는 하염없이 눈물을 흘렸다. 그런 농부의 효심을 하늘이 알아봤는지 열매 맺기엔 아직 이른 오뉴월인데 나무에 새콤하고 빨간 열매가 열렸다. 바로 앵두였다. 덕분에 농부는 어머니에게 이 새콤달콤한 맛있는 앵두를 드렸고 어머니는 다시 건강을 되찾았다고 한다.

과일을 좋아하는 것은 옛사람들도 마찬가지인데 야생과일로는 산골에 숨어 열리는 머루와 다래가 있고, 재배과일로는 복숭아, 자두, 배, 살구, 감에 이어 앵두가 있었을 뿐이었다. 제철에나 먹을 수 있을 뿐 지금처럼 보관기술이 발달하지 않아 겨울이면 생과일을 먹지 못했다. 그렇다 보니 봄이 되면 만날 수 있는 첫 햇과일이 바로 앵두였다. 앵두는 동그란 열매 속에 딱딱한 씨앗 하나를 품고 있으며, 익을수록 반질반질 윤이 나는 빨간 껍질로 둘러싸여 있다. 모양새가 먹음직스럽다. 그러나 씨앗이 너무 커서 먹을 수 있는 과육은 얼마 되지 않는다. 과일이 귀하던 시절인 고려 때는 임금의 혼백을 모신 종묘의 제사상에 먼저 올리는 과일이었다. 동문선에도 임금이 최치원에게 이 과일을 내렸다고 하니 오래 전부터 참으로 품격이 있는 과일 대접을 받은 것 같다. 생김새가 복숭아를 닮았다 하여 '앵도鶯桃'라 하였는데 이것이 '앵도櫻桃'가 되었다. 옛 사람들은 단순호치丹脣皓齒라 하여 미인의 조건으로 붉은 입술과 하얀 이를 들었는데, 잘 익은 앵두의 빨간 빛깔은 미인의 입술을 상징했으며, 앵두같이 예쁜 입술을 앵순櫻脣이라고 불렀다. 앵두나무는 중국 북서부가 고향이다. 우리나라에는 통일신라 이전에 들어온 것으로 짐작된다. 그런데 오늘날 앵두는 먹는 과일의 반열 들지 못하고 일부 약재로 수요가 있을 따름이다. 또한 꽃과 열매를 감상하기 위해 정원수로 심은 앵두나무를 흔히 만날 수 있을 뿐이다. 앵두나무는 꽃보다 열매가 돋보이는 나무이다. 앵두를 생각만 해도 그 새콤달콤한 맛이 머릿속에 떠올라 입안에 침이 고인다. 그 오밀조밀함이 세 살쯤의 손녀딸 같기도 하다. 시인 곽재구는 「앵두꽃이 피면」이란 시에서 '앵두꽃이 피면 / 가시내야 북한 가시내야 / 너에게 첫 입맞춤을 주랴. / 햇살도 곱디고운 / 조선 청보리 햇살 거두어다 / 바람도 실하디 실한 / 남도 산머루 바람 거두어다 / 너의 속살 고운 치마폭에 널어놓고 / 돌산머리 애장터 / 아메리카나 소비에트나 / 팔푼 얼간패 좀 보라고 / 앵두꽃이 피면 / 가시내야 / 북한 가시내야 / 너에게 오천 년 조선 머스마의 까치동 첫사랑을 주랴.'하고 노래하여 앵두꽃을 통하여 통일에 대한 염원을 아름다운 시어와 비유를 통하여 풀어내고 있다. 시 속의 북한과 남한을 "가시내"와 "머스마"로 환치시켜 둘 사이의 아름다운 결합이 하루빨리 이루어지기를 간절하게 소망하고 있다. 꽃이 피고 새와 나비들과 벌떼들은 남북이 없는데 우리만 가로막혀 있으니 아쉬움이 앞선다. 그건 그렇고 이 앵두꽃을 보면 자꾸만

'앵두나무 우물가에 동네 처녀 바람났네.'하는 노래 가사가 떠올라 은밀한 사랑과 특별한 관계가 있는 듯 느껴진다. 그런데 오히려 지금은 그런 전근대적 발상의 사랑놀이는 물러가고 보니 앵두나무도 현대바람을 타고 스스로 사랑을 하고 예쁜 알맹이를 탄생시키고 있는 것 같고, 어쩐지 자꾸만 유혹의 눈길이 거기서 사라지지 않는 것만 같다. 하지만 자연은 솔직담백하다. 사람들은 저마다 말로는 은공을 아는 존재가 되라고 한다. 이는 인간은 본디 배은망덕한 존재임을 알고 하는 소리이다. 자기의 배은망덕은 감싸고 남의 배은망덕은 미워하며 일부러 누군가에게 이 그물을 덮어씌우기를 좋아한다. 이를 버리는 길이 배은망덕을 않는 길이다. 애초부터 배은의 길, 망덕의 길은 들어서지 말고, 그런 그물을 치거나 그 그물에 걸리지 말고 은공에 주판알을 굴리지 말아야 한다. 그것이 우리가 아는 인류 행복의 길이다. 남을 수렁에 빠뜨리려면 자기도 그 수렁에 들어가야 함을 잊어서는 안 된다.

양귀비꽃

꽃말 위안, 위로 사치, 환상

물러서면 맘 쓰이고
다가서면 섬뜩하다.

각혈을 쏟았는지 온 얼굴이 핏물이다.

보드카 들이켰는지
갈지之자로 비틀댄다.

아득한 옛날 인도에 한 행복한 왕자가 살고 있었는데 어느 날 정원을 거닐다 이상한 새가 나무 위에 앉아 있는 것을 발견했다. 왕자는 시종들에게 그 새를 잡아오게 했다. 잡혀 온 새의 발목에는 금실이 매어져 있었고, 몸에서는 이상한 향내가 났다. 왕자는 이 새를 금으로 된 새장에 넣었다. 그리고 침실 곁에 매달아 놓고 매일 바라보는 것을 하나의 즐거움으로 삼았다. 그런데 어찌 된 영문인지 이 새는 통 노래를 하지 않았다. 그런 어느 날 왕자가 꿈을 꾸었는데 먼 나라 공주가 시종들과 함께 자기의 꽃밭 속에서 무엇인가를 찾고 있는 것이었다. 왕자가 물었다. 무엇을 찾고 있느냐고 그랬더니 공주가 말하기를 자기는 남쪽 아라후라라는 나라의 공주인데 자기의 새가 발목에 금실을 끊고 달아나서 찾는 중이라고 했다. 왕자는 자기가 가지고 있는 새가 바로 그녀의 것임을 알자 그만 가슴이 뜨끔했지만 시치미를 뚝 떼고 그 새의 이름이 무엇이냐고 물었다. 그러자 공주는 그새의 이름은 자기 이름과 같아서 말할 수가 없다고 했다. 자기네 나라에서는 공주의 이름을 알아내는 사람이 국왕이 되는 동시에 공주의 남편이 되기 때문이라고 했다. 그런데 그 이름은 새만이 알고 있으며, 새가 부르는 노래가 곧 공주의 이름이라고 하는 것이었다. 그리고 그 새는 한 가지 꽃만을 좋아하고, 그 꽃이 자기의 이름과 같은데 그 꽃이 여기에 없으니 그 새도 여기에 없는 것이 틀림없다고 하며 그 곳을 떠나 버리고 말았다. 꿈에서 깬 왕자는 비로소 새의 비밀을 알게 되어서 여간 기쁘지 않았다. 이제 공주의 뜰에 핀 그 꽃만 따오면 되었나. 그래서 힘센 용사를 뽑아 공주의 나라로 보냈다. 그러나 한 사람도 돌아오지 않았다. 결국 왕자 자신이 그 꽃을 찾아 아라후라로 떠날 수밖에 없었다. 공주가 사는 곳은 하늘까지 닿는 성이 세 겹으로 둘러쳐 있고, 파수병들이 삼엄하게 지키고 있었다. 하지만 슬기로운 왕자는 무사히 성안으로 들어갔다. 그런데 꽃밭을 지키는 용사들은 모두 자기의 부하들이었다. 하지만 이 나라에는 이상한 약이 있어 한번 먹으면 그 전의 일을 모두 잊어버리게 되어 있었다. 왕자는 밤을 틈타서 드디어 꽃을 따오는 데 성공했다. 꽃을 가지고 돌아온 왕자는 새장 앞에 그 꽃을 놓았다. 그 때서야 지금까지 침묵하고 있던 새가 비로소 아름다운 목소리로 "파파베라 파파베라"하면서 노래를 부르는 것이었다. 왕자는 이 새의 이름도, 꽃의 이름도 그리고 공주의 이름도 모두 "파파베라"임을 알게 되었다. 그 후 왕자는 공주를 왕비로 맞아 오래오래 행복하게 살았다.

파파벨라는 양귀비꽃으로 인도의 국화이다. 그러나 원산지는 인도가 아니라 유럽 동부라고 한다. 유럽에서는 일찍이 석기 시대에 재배되었다는 사실이 스위스 지방의 호서 민족(湖棲民族=호수에 사는 민족)의 유적에서 발견되었으며, 그리스 시대에는 열매에서 나온 유액乳液을 어린이에게 먹여서 잠을 재우는데 사용하였고 아편이 제조된 것은 기원전 300년경 소아시아 사람들에 의해서였다고 한다. 이 꽃이 중국에 전해진 것은 7세기경 당나라 때 아라비아 사람들에 의해서인데, 그것이 우리나라에 들어온 연대는 확실하지 않다. 최초로 문헌에 나타난 것은 15세기, 그러니 적어도 그보다 전인 신라 말이나 고려 때가 아닌가 한다. 이 꽃의 유액은 아주 급한 때 쓰는 구급약이지만 사람을 망치는 마약으로 알려져 있다. 그런데 잘 쓰면 약이고 지나치면 독이 되는 것이 어디 양귀비뿐인가. 다 사람 마음먹기에 따라 다를 뿐이다. 이 꽃은 일제 식민지 시대부터는 허가 없이는 심을 수 없었다. 마약 아편이 나오는 꽃이기 때문이다. 하지만 일제 강점기 사람들은 조밭이나 옥수수밭 가운데에 몰래 심거나 아니면 야산 후미진 곳에 몰래 씨를 뿌려 두었다가 거둬들이기도 했다. 이 아편은 짜서 팔자는 것이 아니라 의약품이 귀하던 시절에 없어서는 안 될 구급약으로 사용하려고 그랬다. 요새 꽃밭에서 보는 양귀비꽃은 아편이 나오지 않는 화초양귀비이다. 양귀비꽃이 요염한 자태를 뽐낼 때는 딱총소리가 난다. 꽃망울이 처음 맺을 때는 고개를 숙이고 얌전하게 은밀히 속살을 물들이고 있다가 꽃이 필 때가 되면 고개를 곧추세워 요염한 자태를 세상에 드러내기 시작하고 꽃망울을 터트릴 때는 딱! 딱! 하며 순식간에 요염한 자태로 교태를 부린다. 만개할 땐 안팎으로 꽃잎이 둘러싸고 있는데 마치 겹 치맛자락으로 속살을 둘러싸는 듯하다. 미국의 시인 실비아플라스(Sylvia Plath)는 「7월의 양귀비 (아편)」이란 시에서 '핏빛 선명한 입 / 앙증맞은 핏빛 스커트! // 스멀거리는 연무, 만질 수 없네. / 너의 아편은 어디에? 너의 사악한 캡슐 말이야……// 한 방 맞으면, 혼수상태 / 입으로 들이키면 해를 입겠지. / 너의 독주가 내게 스며들면, 이 술잔 속에서, / 무뎌지고 둔해지리. // 그러나 무색. 무색의 너.'라고 하여 이 꽃이 가진 마약성을 통하여 그 속성을 표현해 보이고 있나. 일종의 경고성을 내포하고 있는 시이다. 만질 수 없다는 말은 손대지 말라는 부탁이기도 하다. '사악한', '혼수상태', '독주'는 인간 몸에 해를 가하는 요소이고, '핏빛 스커트', '캡슐'등은 양귀비꽃과 양귀비의 아편阿片 성분을 은유한 말이다. 까만 진액 뭉치에서 바늘로 떼어 물그릇에 타면 색깔이 노랗게 되는데 이것이 옛날엔 이질 배탈에 즉효 약으로 쓰였다. 그런데 잘못 사용하면 온몸을 혼란에 빠뜨리고 삶을 망치는 마약이기도 하다. 그래서 지금은 금지약이 되었다.

억새꽃

꽃말 은퇴, 친절, 활력

신경질로 자칫하다 마음까지 버힐라
뼈와 살 불거져 온통 날이 섰구나
백발이 성성하도록 옹고집을 피운다
목쉰 소리 가다듬어 하얗게 휘날린다
이슬 맺힌 눈물을 바람에 말린다
빈속에 쓰린 사연은 등성이에 묻는다

오동도에 전해지는 이야기로 옛날에 자산에 사는 토끼가 오동도를 구경하고 싶어 바닷가에 가 거북이에게 "나를 태워 오동도를 구경시켜 주면 귀한 보물을 주겠노라" 하며 거북이를 꾀자 거북이 토끼를 태워 오동도를 구경시켜 주었다. 그런데 토끼는 주겠다는 선물을 주지 않았다. 이에 화난 거북이 토끼를 오동도에 실어다 놓고 가죽을 홀라당 벗겨버렸다고 한다. 이 때 이곳을 지나선 토신이 가엾은 토끼를 보고 측은하여 억새풀밭에 가 뒹굴라고 했다. 도끼는 토신이 알려준 대로 억새풀밭에서 뒹굴었더니 억새풀이 온 몸에 달라붙어 전 보다 더 고운 옷을 입게 되었다 하지만 이때부터 토끼는 거짓말도, 참말도 할 수 없는 벙어리가 되었다고 한다.

전국의 산과 들의 햇빛이 잘 드는 풀밭에서 큰 무리를 이루고 사는 대형 여러해살이풀이다. 꽃은 9월에 줄기의 끝에서 부채모양으로 달리는데 가늘고 끝이 뾰쪽한 작은 이삭들이 밀집하여 달리고 낱꽃의 밑에는 황백색의 털이 있다. 이 억새와 비슷한 종으로는 물억새가 있다. 억새가 건지에 사는 것과 달리 물억새는 습지에서 무리지어 산다. 그리고 억새는 잔 이삭에 까끄라기가 있으나 물억새는 까끄라기가 없다. 억새를 갈대와 혼동하는 사람들도 많이 있는데, 가운데 잎맥에 하얀 선이 두드러지거나, 꽃의 색깔이 흰색에 가까우면 억새이다.

억새풀은 가을바람에 이리저리 흔들거리며 쓰러질 듯 다시 일어서는 오뚝이와 같은 강인함을 지니고 있다. 바람에 한창 흩날릴 때는 목쉰 목소리로 무슨 말을 하는 것 같다. 가을이면 은발머리 나부끼며 피워내는 하얀 꽃무리들은 뭇 사람의 발걸음을 멈추게 한다. 밤에 별빛과 눈 맞추며 이슬을 나누어 가졌는지 방울방울 청량한 이슬도 맺혀 있다. 햇빛에 이슬이 마르면 가을의 손님 고추잠자리가 가끔씩 날아 와 기우뚱거리며 앉아서 가을을 즐기고, 높은 뭉게구름 흘러가는 한낮이 지나고 서쪽으로 해가 기울 때쯤이면 마지막 햇살이 억새꽃을 비춘다. 먼 길을 돌아 온 나그네가 터벅터벅 발걸음을 멈추고 그 소슬한 광경에 매료되어 발길을 멈추게 한다. 겨울이면 언덕 위의 억새들은 일제히 북쪽에서 남쪽으로 비스듬히 눕는다. 삭풍朔風이 남쪽으로 불어가며 함께 가자고 손을 잡아끌어서 그럴까. 아니, 그 바람이 등 뒤에서 자꾸 떠밀어 그럴까. 그런데 바람 때문이 아니고 억새가 남으로 가는 바람을 한사코 붙잡으며 함께 가자고 조르는데 바람이 귀찮아 뿌리쳐서 그리 된 것만 같다. 그래서 겨울철이면 낮밤을 가리지 않고 에밀레종처럼 깊은 울림으로 우는지도 모른다. 박찬종 시인은 「억새꽃-어머니6」이란 시에서 '산그늘 내려앉는 / 앞 강물 시름시름 겨울로 가고 / 저 혼자 깊어가는 시린 하늘엔 / 끼루룩 끼루룩 겨울 철새 떼, / 이 가을에도 너는 오지 못하고 / 차마 눈길 거두지 못하는 / 가을 강 언덕'이라고 했나 보다. 어머니란 부제를 붙여 표현한 이 억새꽃이란 시에서 지은이는 어머니를 회상하며 자신의 쓸쓸한 심회를 철새 떼에 의탁하여 표현하고 있다. 저물어가는 계절에 해는 넘어가고 스스로의 모습도 시들어 감에 마냥 아쉬워하는 모습이 눈에 선하다.

엉겅퀴 꽃

꽃말 근엄, 독립, 엄격, 고독한 사람

바람으로 키운 반골
뼈마디에 배어 있다

햇살이 가시 되어 꽃잎들을 둘러섰다

두어 뼘 제 땅 지키려
창을 들고 번선다.

옛날 로마에 '시슬'이라는 장군이 있었는데 이 장군은 공훈을 세워도 자기의 공훈을 자랑하지도 않고, 좋은 의복도, 호화로운 집도 가지지 않고 가난하고 소박하게 살았다. 포에니 전쟁이 시작되었을 때 시슬 장군도 용감하게 전쟁터로 나갔다. 싸움은 시작부터 치열했다. 로마군의 진격이 어렵게 되자 시슬 장군은 적의 성벽 바로 밑까지 가서 적을 향하여 외쳤다. "나하고 맞싸울 용사가 있으면 성문을 열고 나와라" 그러자 카르타고 성에서는 "와! 로마의 영웅, 시슬이다!" 외치는 소리만 들릴 뿐 누구하나 밖으로 나오는 사람이 없었다. 그들은 겁이 나서 밖으로 나오지는 못하고 시슬 장군을 향하여 화살만 퍼부었다. 그런데 그만 시슬 장군은 화살을 맞고 말에서 떨어졌다. 이 광경을 본 로마 병사들은 성문을 부수고 용기를 내어 일제히 진격하였다. 마침내 로마는 큰 승리를 거두었다. 이 시슬 장군의 무덤에서 피어난 꽃이 엉겅퀴인데, 이를 장군의 이름을 따서 '밀크 시슬'이라고도 부른다는 설화가 있다.

역관 신이행愼以行 등이 1690년 중국어에 한글 음을 달아 편찬 간행한 〈역어유해譯語類解〉에 엉것귀란 말이 나온다. 이는 엉기다와 한자어 귀계鬼薊의 '귀'가 합해져 이루어진 말로 '엉기'는 귀신의 풀로 풀이된다고 한다. 이 엉겅퀴 꽃(Thistle:티슬)은 스코틀랜드 국화國花이다. 바이킹이 몰래 스코틀랜드를 침략했는데 그 때 성 밑에서 자라는 엉겅퀴 가시에 바이킹족이 찔려 비명을 지르게 되고, 이때 소리에 놀란 스코틀랜드 병사들은 잠에서 깨어나 바로 바이킹족을 제압했다고 한다. 이로 인해 엉겅퀴는 스코틀랜드를 구한 꽃이라고 하여 스코틀랜드 국화로 삼았다고 한다. 엉겅퀴

잎에 붙어 있는 가시는 몹시 날카롭고 억세다. 엉겅퀴 가시에 찔리면 바늘에 찔린 것보다 훨씬 더 아프다. 가시 끝에 독이 있기 때문이다. 엉겅퀴는 그 생김새가 마치 창과 방패로 무장을 든든하게 갖춘 장군과 같다. 이 가시는 엉겅퀴가 스스로를 지키기 위해 만든 무기다. 엉겅퀴는 몸통 속에 좋은 성분과 약효를 많이 지니고 있으므로 초식동물들이나 곤충들에게 뜯어 먹힐 위험이 많다. 그래서 자신을 지키기 위해서 억세고 날카로운 가시를 만들고 가시 끝에 독을 품었다. 벌의 독침이 스스로를 지키는 무기이듯 엉겅퀴의 가시도 자신을 지키는 무기다. 그런데 인간은 무슨 생의 무기를 가지고 있나. 우리 몸엔 그런 게 없다. 다만 머리로 다른 삶의 방도를 타개해 나가는 지혜가 있다. 이 지혜가 만물의 영장을 만든 비밀 무기이다.

엉겅퀴가 자기 방어의 무기를 가지고 인간에게 유용한 약재가 되고 있음을 어린 날의 추억으로 은근히 말하고 있는 시가 있다. 시인 곽경효의 「엉겅퀴」란 시가 있는데 그는 여기서 '할머니 무덤에 절 올리고 일어서는데 / 누군가가 내 옷자락을 잡아당긴다. / 어릴 적 아픈 배를 만져 주던 할머니의 손끝 / 까칠하게 일어서는 엉겅퀴 꽃'이란 시구가 있다. 엉겅퀴 꽃이 이 시인에겐 할머니의 환생한 모습이요, 그 찔리는 줄기는 까칠하게 손거스러미 일어난 할머니 손이다. 보통 사람들에겐 따끔 따끔 찌르는 엉겅퀴 넝쿨이 이 시인에게는 따뜻한 추억의 약손이 되고 있다.

이 엉겅퀴 꽃을 보면 '호저(porcupine) 사이'란 말이 떠오른다. 가시 털을 가진 동물인 호저는 서로 상대를 찌르지 않고 지낼 수 있는 임계거리(critical distance)가 있다고 한다. 이는 사람과 사람 사이에도 필요할 것 같다. 사람 사이의 임계거리는 타인으로부터 간섭, 침입을 받지 않고 지내는 심리적 거리이다. 이렇게 함으로써 인간은 자신의 보호와 정체성을 얻게 되고 자신의 내부에 잠재하는 공격성, 파괴성으로 상대를 해치는 심리를 억제, 견지하게 된다고 한다. 한 마디로 남을 존중하는 태도를 가지게 하는 '사이'의 미학이다. 우리는 이 꽃에서 그 '사이의 미학'을 배울 수 있겠다. 아니, 이를 '거리距離의 미학'이라고 해도 좋겠다.

원추리

꽃말 기다리는 마음, 하루만의 아름다움

햇살 한줌 빻아다가 분단장한 소춘풍

날마다 새 얼굴로 갖은 교태 다 부린다

아랫말 나비 한량들 향기로 꼬드기나.

옛날, 한 형제가 한꺼번에 부모를 여의고 슬픔에 잠겨 날마다 눈물로 세월을 보내다가 형은 슬픔을 잊기 위해 부모님 무덤가에 원추리를 심었다. 그러나 동생은 부모님을 잊지 않으려고 무덤가에 난초를 심었다. 그 뒤로 세월이 흘러 형은 슬픔을 잊고 열심히 일을 하며 살았지만 동생은 슬픔이 더욱 깊어져서 병이 되었다. 그런 어느 날 동생의 꿈에 부모님이 나타나 "사람은 슬픔을 잊을 줄도 알아야 하느니라. 너도 우리 무덤에 원추리를 심고 우리를 잊어 다오." 이 말씀에 따라 동생도 부모님 무덤가에 원추리를 심고 슬픔을 잊었다고 한다.

꽃이 피어 단 하루밖에 가지 않는다는 원추리, 그래서 이름도 Day lily, 하지만 한 포기에서 꽃대와 꽃봉오리가 계속 만들어지므로 포기로 보면 20-30일 정도 꽃을 볼 수 있다. 원추리는 예로부터 가정의 장독 뒤나 화단에 심어 관상하거나 꽃꽂이로 이용되어 왔다. 건조나 햇볕에 강하고 분진, 매연 등 공해에도 강해 도로변 관상용으로 요즘은 널리 쓰이고 있다. 원추리를 우리말로는 근심풀이 풀[망우초忘憂草], 또는 넘나물이라고도 하며 한자로는 훤초萱草라고도 하는데 훤萱자는 풀인 초草와 베푼다는 뜻으로 '해에게서 나온 빛'이란 뜻의 선宣으로 이루어져 있다. 이렇듯 원추리란 이름 속에는 하늘의 빛이란 의미가 숨어있다. 밝은 주황색의 원추리 꽃을 보고 우리 옛 조상들은 하늘의 해를 보았고 그 이름에 잇대어 놓았을 것으로 짐작된다. 이른 봄에 올라오는 어린 싹은 나물로 무쳐 먹는데 약간 달면서도 부드러우며 담백한 맛이 난다. 여름철에 꽃을 따서 차로 달여서 마시면 은은한 꽃향기가 일품이다. 원추리를 나물로 먹거나 꽃을 차로 우려내어 미시면 세상의 온갖 시름을 잊고 마음이 편안해진다고 한다. 이구화라는 사람이 쓴 연수서延壽書라는 책에 "원추리의 어린 싹을 나물로 먹으면 홀연히 술에 취한 것 같이 마음이 황홀하게 된다. 그러므로 이 풀을 망우초라고 한다."고 적혀 있다. 원추리는 그 약효 때문만이 아니라 잎 사이에서 꽃대가 올라와 큼직하고 시원스럽게 핀 꽃을 보는 것만으로도 마음을 빼앗겨 세상의 온갖 시름을 잊게 한다. 시인 이청리는 「왕 원추리 꽃차」란 시에서 '산안개는 / 이 세상 것을 다 지우고자 / 덮고 또 덮어 앞이 보이지 않는다. / 왕 원추리 꽃 등대처럼 서서 손짓할 때 / 어디만큼 와 있는지를 / 얼마만큼 가야 하는지를 속삭여준다. / 높은 山 쪽으로 고개 들기보다 / 산 아래 마음을 둔 물과 같이 / 선연한 빛깔을 안으로 감춤이 / 어찌 저리 고울까. / 바람에 꽃대 휠 때 자태는 여유의 / 눈부심을 중심에 두고 있어 / 山의 마음을 우리에게 / 또 이렇게 가져와 내민다. / 손끝만 닿아도 山에 오른 듯 / 마음이 가벼워지고 있다.'고 하여 산안개에 앞이 흐릿할 때 등대처럼 손짓하는 원추리 꽃은 산의 마음을 전해주는 전령 역할도 하여 이 꽃만 보아도 산에 오른 듯 마음도 가벼워진다고 표현해 보이고 있다. 눈부시게 빛나는 이 꽃은 세상을 밝히는 등불 같기도 하다. 안으로 감춘 듯 화려하게 내뿜는 빛의 향연에 우리는 초대 받은 듯 흐뭇하기도 하다.

유채꽃

꽃말 명랑함, 쾌활

유채꽃밭 노랑 물이
온 동네를 물들인다.

너무나도 촉촉이
너무나도 홍건히

고이는 사랑의 눈짓들이
오름마다 붐빈다.

600여 년 전 이집트의 마할라 마을에 양을 키우는 목동 헤잠이 살았는데, 어느 날 저녁 양떼들을 불러 모았는데 네 마리가 모자랐다. 헤잠은 횃불을 만들어 양들을 찾으러 나섰는데 조그만 시냇물 옆에 사용하지 않는 연자방아돌이 눕혀져 있는 곳에 한 소녀가 앉아서 울고 있고 그곳에서 양들을 발견했다. 소녀는 "저는 이 냇물의 저 끝에 혼자 살고 있는 아딜러라고 하는데 댁의 양을 죽게 해서 정말 죽을죄를 지었다며 두 달 전에 있었던 홍수로 가족들을 모두 잃고 유일한 재산이었던 베틀도 잃어 버려서 베도 짜지 못하고 너무 가난하여 한 달째 먹을 것이 없어서 떨어진 곡식이라도 주워 가려고 여기 왔더니 네 마리 양들이 보리 이삭을 잘라 먹고 있는 것을 발견하고 양털만 훔칠 생각으로 집에 가서 가위를 가져와 털을 깎다가 그만 실수로 날뛰는 양의 목을 가위로 찔러 버려서 너무 무서워 이리 울고 있다며 아무런 보상해 줄 만한 것도 없으니 저를 하녀로 가져가라 했다. 헤잠은 아딜러가 너무 가여워 죽은 양의 가죽과 고기와 덜 깎여진 양털을 능숙한 솜씨로 깎아 바구니에 담아주었다. 그 후 헤잠은 엿새 마다 꼭 양을 한 마리씩 잡아서 빵과 함께 주었다. 아딜러는 먹고 남은 양고기를 팔아 베틀을 사서 베를 짜서 시장에 팔아 더 이상 헤잠의 도움이 필요 없게 되었다. 그래서 더 이상 헤잠에게 빵을 가져오지 말라고 했다. 그 때 마할라의 시장에서 올리브기름을 팔아 살아가는 무하마드라는 가난한 청년 상인이 아딜러에게 청혼을 했다. 아딜러는 마음속으로 헤잠을 더 좋아했기 때문에 용기를 내어 헤잠에게 사랑을 고백했다. 헤잠은 속으로는 아주 좋아하지만 부끄러워 마음을 숨기고 사랑하지 않는 듯 말했다. 아딜러는 헤잠 같은 부자가 자기를 아내로 맞이할 리가 없을 거라 생각하고, 적극적인 무하마드와 결혼을 했다. 헤잠은 아딜러의 결혼 소식을 듣고 넓은 초원에서 매일 울다가 미친 듯 긴 칼을 빼들고 양들을 모두 목 쳐 죽이고 헤잠도 빨간 양의 피를 뒤집어쓰고 악마처럼 날뛰다가 자신을 찔러 죽었다. 어느 해 양들과 헤잠의 피로 물든 초원은 빨간 꽃들이 빈틈없이 피어났다.

유채꽃하면 우리는 제주도를 연상하게 된다. 그만큼 제주도에는 노란 유채꽃이 온 섬을 덮을 정도로 많이 핀다. 그런데 누가 황금가루를 어디에서 가마니로 져다가 제주도 저 넓은 들판에 저리 고루 뿌려놓았을까. 아마도 제주도는 여자, 바람, 돌의 삼다가 유명한데 바람 떼가 먼 먼 이상국에서 가져다 뿌린 게 아닐까. 햇빛 좋은 봄날이면 제주도는 황금 꽃에 황금 꾀꼬리 목청이 어우러져 황금 동산이 된다. 그래서 예비부부나 신혼부부들의 웨딩사진 찍기의 단골 메뉴가 되고 있다. 이 꽃은 유럽에서 우리나라에 입양되어 와 적응력 빠르게 무럭무럭 자라 자손까지 무성히 퍼뜨린 꽃이다. 키가 30㎝ 또는 그 이상으로 자라며 대개 가늘고 기다란 원뿌리를 가진다. 언제 이 꽃이 이 땅에 등장했는지는 확실하지 않지만, 중국 명나라 시대에 어린잎과 줄기를 먹기 위한 채소의 하나로 들어온 것으로 추정하고 있다. 이 유채꽃은 꽃을 보기 위해 관상용으로 심지만 그 보다는 씨에서 나오는 기름을 추출할 목적으로 대량 재배하는데, 기름을 짜내고 남은 깻묵은 사료로도 쓰인다. 우리나라에선 주로 남부지방에서 심는데, 제주도에서 생산되는 유채가 우리나라 전체의 약 99%를 차지한다고 한다. 제주도에서는 이른 봄에 노랗게 피는 유채 밭을 하나의 관광자원으로 중요하게 여기고 있다. 시인 이향아는 「유채꽃 바다」란 시에서 '유채꽃처럼 / 유채꽃처럼 하늘하늘 웃는 얼굴로 / 아린 듯 슬픈 듯 가슴이 조였었지. // 유채꽃은 지친 듯이 야들한 바다 / 빠져죽고 싶은 바다였었지. / 함께 죽는다면야 죽고 싶었지.'하여 유채꽃이 핀 모습을 보고 느낀 정서를 표현하고 있는데, 아마도 아름다움이 지극하면 생사를 초월하는가 보다. 이향아 시인은 유채꽃과 물아일체가 되어 죽고 싶을 만큼 아름다음을 느끼고 있음을 이 시를 통하여 보여주고 있다. 넓고 넓은 들판에 퍼져 있는 유채꽃밭을 보면 누군가 커다란 프라이팬에 수백 꾸러미 달걀노른자를 터뜨려 놓은 듯하다.

전설 속의 빨간 꽃이 노랑꽃이 된 것은 기름을 내 팔아 돈을 많이 벌게 한데서 황금을 얻는 꽃으로 인식되어 후에 노랑꽃이 되었다 한다.

은방울꽃

꽃말 순애, 행복, 기쁨, 순결

별을 닮아 도자기 빛 피부가 된 새아씨
산새들 불러놓고 미모를 자랑한다
누구를 홀리려는지 갸웃대는 저 고갯짓

너무 희고 투명하여 바람이 된 하얀 말
가슴에 품었다가 향기로 터뜨린다
이슬로 세안하고는 생글대는 오월 백합

옛날 깊은 산골에 나무꾼 부부가 살고 있었는데 아내가 딸 하나를 낳아놓고 병으로 죽으면서 남편에게 딸이 열두 살 될 때 자기가 아끼던 은방울을 물려주라는 말과 함께 이름도 은방울이라고 지어줄 것을 부탁했다. 딸이 자라 열두 살이 되던 해 남편은 아내의 유언대로 딸에게 은방울을 주면서 항상 목에 걸고 다니라고 일러주었다. 어느 날 방울이가 혼자 집을 지키고 있는데, 밖에서 바스락거리는 소리가 들려 방문을 열어보니 커다란 호랑이가 달려들 태세였다. 방울이가 뒷문을 통해 달아나는데, 호랑이가 따라왔다. 방울이가 죽을힘을 다해 달아날 때 목에 걸린 은방울이 딸랑거리면서 "방울아, 호랑이에게 은방울을 던져라."하는 어머니 목소리가 들려왔다. 그 소리를 들은 방울이가 목에 걸린 은방울을 푸는 순간 호랑이가 덮쳐 그만 그 자리에 쓰러져 숨을 거두고 말았다. 방울을 덮친 호랑이도 뒤에서 굴러 내린 바위에 깔려 죽었다. 이듬해 봄이 되자 방울이가 죽은 자리에서 풀 한 포기가 돋아나더니 가느다란 꽃대에 은방울 같이 생긴 하얀 꽃이 피어났다. 사람들은 은방울이 죽어 꽃으로 환생했다고 믿고 은방울꽃이라 하였다.

은방울꽃은 '5월에 피는 백합'이라고도 부른다. 그만큼 아름다워 많은 사람들에게 사랑받는다. 유럽에서는 은방울꽃으로 만든 꽃다발이 행운을 준다고 하여 사랑하는 사람들끼리 주고받는 관습이 있다 한다. 이 꽃은 서양에서 특히 사랑받는데 그 이유는 성모 마리아가 십자가 아래에서 흘린 눈물에서 피어난 꽃이라 여기기 때문이란다. 은방울꽃이라는 이름은 꽃 모양이 앙증맞은 방울처럼 생긴 데에서 유래한다. 5월 봄바람이 불 때 살살 흔들리는 꽃을 바라보면 금세라도 종소리가 들릴 것만 같다. 은방울꽃은 산에 피는 여러해살이풀로, 토양이 비옥하고 물 빠짐이 좋은 반그늘에서 자라며, 꽃 모양은 종이나 항아리처럼 생겼다. 비비추, 초롱꽃, 영란이라고도 한다. 또한 오월에 꽃이 핀다고 해서 오월화, 은은하고 좋은 향기를 풍겨서 향수화라고도 한다. 관상용으로 쓰이며, 어린잎은 식용하고 뿌리를 포함한 전초는 약용으로도 쓰인다. 워낙 향이 좋아 향수 재료로 사용된다. 콘발라린이라고 해서 은방울꽃에서 추출한 물질은 심장을 강화시켜준다 한다.

설화를 보면 흐른 피가 꽃이 되었는데 왜 붉은 꽃이 아니고 흰 꽃이 되었을까. 아마도 그것은 피 속에 흐르는 순결한 마음이 꽃으로 피었기 때문인 것 같다. 일반적으로 순결의 대표색은 하얀색이다. 물소리와 바람소리, 새소리 어우러진 심산유곡에 해마다 오월이면 피어나는 은방울꽃, 알뜰히 누가 가꾸지 않아도 청초하고 수려하게 피어나는 꽃이 은방울꽃이다. 숲속에 들어가 가만히 귀 기울이면 가느다랗게 흔들리는 은방울꽃이 울리는 순백의 방울 소리가 은은히 들릴 듯하다. 이 꽃을 두고 신석정 시인은 「은방울꽃」이란 시에서 '나는 / 그때 외롭게 / 산길을 걷고 있었다. // 그때 / 나뭇가지를 옮아앉으며 / 동박새가 울고 있었다. // 어찜 / 혼자 우는「동박새」는 / 나도곤 더 외로웠는지 모른다. // 숲길에선 / 은방울꽃 내음이 솔곳이 / 바람결에 풍겨오고 있었다. // 너희들의 / 그 맑은 눈망울을 / 은방울꽃 속에서 난 역력히 보았다. // 그것은 / 나의 꿈이었는지도 모른다. / 너희 가슴속에 핀 꽃이었는지도 모른다.'하고 표현하고 있다. 이는 깊은 산골에 핀 은방울꽃에서 동박새 울음을 듣고, 스스로의 외로움을 실감하면서 은방울꽃 또한 외롭게 향기를 뿜으며 피어났다고 하고 있다. 그러면서 은방울꽃 속에서 맑고 티 없이 순진무구한 인간상을 발견하고 있다. 그런데 그게 꿈속에 핀, 아니, 가슴속에 핀 꽃과 같은 존재임을 말하고 있다. 어쩜 이 시는 물아일체의 경지를 펼쳐 보이는데 은방울꽃이란 객관적 상관물을 통하여 인간의 초롱초롱한 눈동자와 아름다운 마음을 표현하고 있다. 은방울꽃에는 시인의 마음이 자연이 되어 살고 있다. 사물을 보고 하는 말은 말하는 이의 마음의 반영이라고 한다. 이는 무학 대사가 자신의 눈에는 이성계가 부처같이 보인다며 돼지의 눈에는 돼지만 보이고, 부처의 눈에는 부처만 보인다고 한말은 바로 이 점을 말하고 있다. 신석정 시인의 시안詩眼이 발견한 은방울꽃 모습이 참으로 외롭고 쓸쓸해 보인다.

이팝나무 꽃

꽃말 영원한 사랑, 자기향상

이밥 쌀알 흐벅지게 가지마다 매달렸다
옛날엔 설에나 겨우 맛을 보았는데
오늘은 마음눈 열어 고봉으로 냠냠한다.

이팝나무엔 슬픈 전설이 있다. 옛날에 가난한 선비가 어머니를 모시고 살았는데 그 어머니는 오랫동안 병을 앓아 일어나질 못했다. 그런 어머니가 "얘야, 흰 쌀밥이 먹고 싶구나!" 하였다. 그런데 쌀독에 쌀이 조금밖에 남지 않았다. 이것을 본 선비는 걱정이 되어 "어떡하지, 내 밥이 없으면 어머니가 걱정하실 텐데." 할 때, 선비는 좋은 생각이 떠올랐다. 선비는 마당에 있는 큰 나무에 올라가 하얀 꽃을 듬뿍 따서 자기의 밥그릇에 담았다. 그리고 독안의 그 쌀로 어머니는 쌀밥을 지어드렸다. 오랫동안 병석에 있던 어머니는 오랜만에 흰 쌀밥을 맛있게 잡수셨다. "어머니, 정말 맛있어요." 흰 꽃밥을 먹으면서도 나무꾼은 활짝 웃었다. 마침, 그곳을 지나던 임금님이 그 모습을 보시고 크게 감동하여 그 선비 효자에게 큰상을 내렸다. 이 일이 세상에 알려지자 사람들은 그 나무를 이밥나무라고 불렀는데 이것이 전이 되어 이팝나무가 되었다고 한다.

6~70년대 초까지도 우리나라 사람들은 이밥에 고깃국을 먹고 비단옷을 입으며 고래 등 같은 기와집에 사는 것이 소원이었다. 그래도 어지간한 집은 설이나 생일에는 아주 하얀 쌀밥을 먹을 수 있었지만 그만 못한 집에서는 설에도 순수 쌀밥은 구경하기 힘들었다. 당시 우리나라 국민소득이 80달러인 시절을 상상해 보면 수긍이 갈 것이다. 이밥은 입쌀로 지은 밥이란 뜻으로 그 유래 조선왕조 시대에는 이씨李氏의 시대이기에 벼슬을 해야 비로소 이씨李氏인 임금이 내리는 흰쌀밥을 먹을 수 있다 하여 쌀밥을 이씨가 내린 밥, '이밥'이라 했다고 한다. 이팝나무는 그 꽃의 모습에서 이밥이 달린 이밥나무에서 유래된 이름으로 여겨진다. 꽃의 여러 가지 특징이 이밥, 즉 쌀밥의 모습을 연상하게 한다. 그러나 이 나무 이

름의 어원은 수백 년 전의 우리 선조들이 자연스럽게 붙인 이름이기에 오늘날의 기준으로 어원을 찾아내기란 어렵다. 이 나무는 키가 20~30미터나 자라는 큰 나무로 5월 중순이면 파란 잎이 보이지 않을 정도로 새하얀 꽃이 가지마다 소복소복 피어난다. 가느다랗게 넷으로 갈라지는 꽃잎 하나하나는 마치 뜸이 잘든 밥알 같다. 그래서 꽃 모양을 멀리서 보면 하얀 사기사발에 쌀밥을 수북이 담아 놓은 밥그릇을 연상하게 한다. 꽃이 필 무렵은 아직 보리는 패지 않고 지난해의 양식은 거의 떨어져 버린 '보릿고개'이기에 주린 배를 움켜잡고 농사일을 하면서도 풍요로운 가을을 손꼽아 기다릴 때이므로 이팝나무 꽃은 헛것으로라도 쌀밥으로 보일 정도로 너무나 닮아 있다. 이팝나무는 경북 남부에서부터 전북의 중간쯤의 남쪽에서 주로 자란다. 물론 그 위 지역에서도 자라고 있다. 우리나라 천연기념물로 지정된 이팝나무는 일곱 그루나 되고, 시도 기념물과 보호수로 지정된 이팝나무는 헤아릴 수도 없을 정도로 많다고 한다. 우리나라에서 가장 크고 꽃이 아름답기로 유명한 이팝나무는 경남 김해시 주촌면 천곡리에 있는 천연기념물 307호라고 한다. 이 나무 꽃이 피는 상태를 보고 사람들은 한 해 농사가 잘 되겠다, 못 되겠다 하고 점을 치기도 한단다. 습기가 많은 것을 좋아하는 이팝나무는 꽃이 많이 피고 오래가면 물이 풍부하다는 뜻이니 이로 풍년과 흉년을 가늠한 것이다. 이렇게 기상 상태를 짐작하게 하는 나무를 우리는 기상목氣象木, 혹은 천기목天氣木이라 하는데 이팝나무가 바로 그것이다. 이 꽃은 다양한 모습을 연상하게 한다. 그래서 시인 박용규는 「이팝나무 꽃」이란 시에서

'그때는 수줍은 시골 아낙 / 인적 드문 / 하얀 소복 입고 / 산을 찾는 이만 반겼지. // 이제는 황홀한 드레스입고 / 도시의 조경수 만찬장에서 / 한 몸에 시선을 받는 / 성장盛裝한 신부를 꿈꾸는 / 이팝나무 꽃'이라고 하여 이팝나무 꽃을 시골의 소복 입은 상주와 도시의 순백 드레스 곱게 차려 입은 신부新婦의 이중 이미지로 선보이고 있다. 이 이팝나무 꽃은 사람들이 어떤 모습으로 보아 주건 주변의 관심대상이 되어 눈길을 받고 있는 꽃임엔 틀림없는 성싶다.

접시꽃

꽃말 풍요, 대망, 집 지키기

울밑에서 얌전스레
색동한복 차려입고
향 반찬 바람에 버무려 내놓는 꽃

길손들
지나가다가
한 저범씩 들고 갈까.

옛날 꽃나라에 꽃의 임금 화왕이 살고 있었는데, 화왕은 꽃나라에 이 세상에서 가장 큰 꽃밭을 만들고 싶어 했다. 그래서 '어화원'이란 이름을 짓고 이 세상 모든 꽃들을 기르려고 꽃들에게 명령했다. "이 세상 모든 꽃들은 어화원으로 모여라!" 그러자 세상의 모든 꽃들이 어화원으로 모여들기 시작하였다. 그런데 서천 서역국에 세상의 모든 꽃들을 키우는 꽃감관이 있었다. 꽃감관은 세상의 모든 꽃들을 산과 들 자신의 집 여기저기에 심어 놓고 돌보았다. 그러던 어느 날, 꽃감관이 계명상 신령님을 만나러 갔다. 이때 꽃감관의 집에 있던 꽃들은 모두 어화원에 가고 싶어 하였다. 그래서 잠시 고민하던 꽃들은 모두 어화원으로 갔다. 꽃감관이 집에 돌아와 산과 들에 있던 꽃들이 하나도 보이지 않자, 꽃감관은 꽃들의 이름을 목이 터져라 불렀다. 그러자 대문 밖 담 너머에 있던 접시꽃이 대답을 하였다. 꽃감관은 접시꽃에게 어찌된 일인지 자초지종을 물었다. 접시꽃은 모든 꽃들이 어화원으로 가고 자신만 남았다고 대답했다. 접시꽃은 "감관님의 집을 지키기 위해 저는 떠나지 않았어요." 하고 말했다. 꽃감관은 "진정 고맙구나. 내가 사랑해야 할 꽃은 너로구나."하며 접시꽃에게 고마워했다. 이때부터 접시꽃은 대문을 지키는 꽃으로 삼게 되었다고 한다.

촉규화蜀葵花라고도 한다. 접시꽃은 화단에서만 가꾸는 화초가 아니다. 마을의 어귀, 길가 또는 담장의 안쪽과 바깥쪽 가리지 않고 잘 적응하고 자라기에 흔히 볼 수 있는 꽃으로 생명력이 강한 여러해살이 꽃이다. 그래서 어찌 보면 오색 관복을 차려 입은 수

문장 같기도 하다. 이 꽃은 이유는 모르지만 특히 할머니들이 좋아한다. 한 번 심으면 저절로 번식해서 우리에게 아름다운 모습을 해를 두고 보여주기 때문일까. 유용한 열매는 없지만 꽃만으로도 보는 이들을 행복하게 해주므로 기특하기 그지없는 꽃이다. 그래도 생물의 본성인 종족 번식을 위해 가을이면 주렁주렁 씨앗도 맺는다. 우리 집에는 이 계통의 단풍잎 촉규화가 한 무더기 피어 있다. 왜 그러는지 모르겠는데 사람들은 이 꽃을 일본접시꽃이라고 한다. 꽃잎 넓이가 한 뼘은 넉넉하게 크다. 나 혼자만 감상하는 꽃이 아니라 꽃을 좋아하는 이들에게 나누어 주고 작은 행복을 함께 나누고 싶은 꽃이다. 시인 유응교는 「접시꽃 그대」란 시에서 '꼿꼿한 자태로 서서 / 곧게 살다가 / 청초한 마음으로 피어 / 청결한 마음으로 살다가 / 비어둔 자세로 마주 서서 / 채움이 없는 자세로 있다가 / 홀연히 비어있는 자신이 서러워 / 당신을 그리며 비에 젖어 울다가 // 별빛아래 가만히 이슬을 받아 / 해 뜨기 전 당신께 바치려다가 / 빠알간 사랑 하얀 이별로'라고 하여 곧고 바른 삶을 채움 보다는 비움으로 살면서 정렬적인 빠알간 사랑을 하다가 다 비운 하얀 이별을 하겠다고 하고 있다. 색색의 화려한 꽃을 차분히 삶에 원용하였는데 꼭 조선조 뒤뜰에 외로이 서서 설움을 달래는 여인네를 보는 것 같다.

제비꽃

꽃말 겸양, 성실, 수줍음, 나를 생각해주세요

땡땡이 블라우스
앙증맞게 차려입고

산에 들에 갸우뚱 고개 숙인
요조숙녀窈窕淑女

예뻐도 너무나 예뻐
차마 눈을 감는다.

옛날 프리지아에 '이아'라는 아름다운 소녀가 살고 있었는데, 그녀는 양치기 소년 '아티스'를 무척 사랑하게 되었다. 그러나 자신이 가장 귀여워하는 소년이 사랑에 빠졌다는 사실을 알게 된 비너스신이 자기 아들 큐피드를 시켜 두 개의 화살을 그들의 가슴에 각각 쏘게 했다. '이아'에게는 사랑이 불붙는 황금촉의 화살을 쏘게 하고, '아티스'에게는 사랑을 잊게 만드는 납촉의 화살을 쏘게 하였다. 그 결과 '이아'는 '아티스'를 더욱더 사랑하게 되었지만 '아티스'는 정반대가 되어 가고 있었다. '이아'는 '아티스'를 찾아다니면서 애걸복걸했지만 '아티스'는 본 체도 하지 않았다. 그러던 어느 날 '이아'는 '아티스'가 묵고 있던 목장의 문 앞에서 그를 간절히 부르다가 죽고 만다. 그녀가 죽어간 자리에서는 꽃이 피어났다. 그녀의 넋이 가냘픈 제비꽃으로 환생한 것이다.

화려한 수줍음이 철철 넘치는 꽃이다. 그 앙증맞고 아기자기한 모습은 보는 이의 눈을 현란하게 한다. 땡땡이 블라우스를 입은 숙녀 같다. 봄날 산비탈이나 들판 언덕에 알록달록 가장 흔하게 피는 꽃이다. 이 제비꽃은 강남 갔던 제비가 돌아올 무렵에 피는 꽃이라서 붙여진 명칭이라고 한다. 양지 혹은 반음지의 물 빠짐이 좋은 곳에서 잘 자란다. 한국, 중국, 일본, 러시아에 널리 분포하여 자라고, 우리나라에서는 제주, 경남(남해도), 충청남북도, 경기도에서 주로 야생한다. 그러나 이를 화단이나 화분에 옮겨 심어도 이에 잘 어울려 그 나름으로 화려함을 자랑한다.

오세영 교수는 「제비꽃」이란 시를 이 꽃의 속성과 맵시를 제재로 윤회사상을 가미하여 썼다. '살을 에는 추위와 / 눈보라 / 그 계절엔 아무도 믿지 않았다 / 기적 같은 너의 환생을……/ 이른 봄, / 아직 언 땅 채 풀리지 않았는데 / 길섶에서, 돌 틈에서, 맨 흙에서 / 빠끔히 고개를 내민 꽃, / 한 치의 빛만 있다면 결코 / 죽음은 없으리라 / 아름다운지고 진정 / 연약함 속의 /강인함이여 / 대대로 오백 년을 살아온 조선 여인의 / 쪽진 머리를 보는 것 같다.'고 하여 가냘프고 여린 꽃이 혹한이 몰아치는 한겨울 역경을 견뎌내고 봄을 맞아 아름답게 핀 모습이 조선의 여인 쪽진 머릴 같다고 하여 그 맵시를 칭송하고 있다. 초록의 감성이 온몸을 적시는 계절, 발끝에 차이는 이슬을 머금고 돌무더기 사이사이에 피어난 제비꽃. 그 보랏빛 웃음이 우리들 마음을 싱그럽게 한다. 미세한 바람에 수줍어 볼을 떠는 정경은 피안에 펼쳐지는 선경의 풍경 그대로인 것 같다. 사랑은 꽃잎이 되고 꽃잎은 향기를 품고 수줍음을 떠는 이 꽃은 어찌 보면 방금 솜털 벗은 계집아이가 갸우뚱 고개 내민 모습이다. 그렇게 귀엽고 아름답다.

족두리 꽃

꽃말 시기, 질투, 불안정

햇빛으로 날개 달고
초례청에 나온 낭자

족두리 사뿐 쓰고 다소곳 앉아 있다

원삼 깃 살짝 내리고
눈썹 떠는 새 아씨

꽃과 같이 예쁘고 깜찍스러운 낭자가 어느덧 자라나 혼인할 나이가 됐다. 어느 날 키 크고 힘이 아주 센 장수가 나타나 궁중에서 궁녀를 뽑는다며 홀어머니를 남기고 낭자를 데리고 갔다. 그런데 궁녀로 뽑혀간 낭자는 얼마 후 다시 중국으로 뽑혀 가는 신세가 됐다. 예쁜 얼굴을 가진 것이 운명을 나쁘게 했던 것이다. 그 후 낭자는 머나먼 나라에서 들판에 굴러다니는 꽃잎 같은 신세가 됐다. 낭자는 고향으로 돌아오지 못하고 중국 땅에서 죽었다. 낭자 어머니는 가슴이 찢어지는 슬픔을 맞았다. 낭자의 고통도 고통이었지만 혼자 집을 지키면서 딸이 잘 되기만을 기도하였던 어머니는 딸을 먼저 잃은 슬픔 때문에 매일 눈물로 밤을 지새웠다. 어느 날 낭자의 어머니도 슬픈 죽음의 날을 맞았다. 그런데 이상한 일이었다. 낭자의 집 뒷동산에는 이상한 꽃들이 피었다. 다른 꽃과는 달리 잎과 꽃이 함께 땅에서 솟아 나오는 것이었다. 마치 시집갈 때에 머리에 쓰는 족두리 같은 모습으로 자라났던 것이다. 이 소문은 온 고을에 순식간에 퍼졌고, 그래서 이 마을 저 마을에서 많은 사람들이 구경을 왔다. 어떤 사람들은 이 꽃을 낭자의 한이 맺힌 꽃이라고 하고, 어떤 사람은 낭자 어머니의 한이 맺힌 꽃이라고 했다는 동양 전설이다.

'족두리'하면 새색시를 연상하고 새색시하면 싱싱한 아름다움을 품은 여인을 떠올리게 하는데 어쩌다 꽃말은 '시기, 질투, 불안정'이란 명예롭지 못한 언어를 매달고 있을까. 질투의 화신은 여자라더니 그래 그런 걸까. 층층 따라 변색시킨 연분홍 꽃잎을 달고 있는 품이 전통 혼례식 날 신부 머리에 얹힌 그 장식을 꽤나 빼닮았다. 그래서 붙여진 이름인 성싶다. 바람에 살랑대며 핀 꽃무리들 곁에 접시꽃이 큰 얼굴로 내려다보고 있는 우리 집 화단은 어느새 혼례장이 된 듯하다. 잊지 않고 찾아오는 벌 나비는 그 하객들일까. 이를 두고 바람돌이란 필명을 가진 어느 시인은 「풍접초」란 시에서 '나비 날개를 닮은 너 / 풍접초! / 아침 샛바람에 하늘하늘 유혹해 상쾌한 하루를 시작하는 꽃 // 족두리를 닮은 너 / 족두리 꽃! / 밝은 햇살엔 움츠려 있다가 해가 지면 화려한 유혹의 달맞이꽃 // 백일홍보다 더한 너 / 클레오메! / 백일을 훨씬 지나서 5개월간 내 눈을 즐겁게 하는 꽃 // 하얀 너 붉은 너 / 취접화! / 취하지 않으면 희고, 취하면 붉어지는 꽃. /내 마음 흔든다.'고 하여 이 꽃의 이칭異稱인 풍접초風蝶草, 족두리꽃, 클레오메(Cleome), 취접화醉蝶花란 말을 시 속에 담아 표현하고 있다. 꽃 모양이 색색 나비 같고 아름다워 시인은 마음이 흔들린다고 표현하고 있다. 어찌 보면 이 꽃은 장인匠人의 정교한 손으로 빚어 각종 보석을 박아놓은 휘황한 왕관 같기도 하다.

찔레꽃

꽃말 자매의 정, 신중한 사랑

밤을 도와 쏟아지는
한 동고리 별똥별들

흩어져 꽃이 되어 하얀 향을 날린다

한겨울 겪은 아픔에
가시 돋은 요정들

옛날, 고려가 원나라의 지배를 받을 때 고려에서는 해마다 어여쁜 처녀들을 원나라에 바쳐야만 했다. 산골 마을에 찔레와 달래라는 두 자매가 병든 아버지와 함께 살았다. 가난한 살림에 자매는 아버지의 약값을 구할 길이 없어 나물도 뜯고 약초도 캐어 살림을 도우려 나갔다가 관원들 눈에 띄어 잡혀갔다. 사정을 이야기하여 언니 찔레만 다른 공녀들과 함께 원나라에 가게 됐고 다행히 주인을 잘 만나서 좋은 환경에서 지냈다. 하지만 찔레는 내내 동생 달래와 병든 아버지 생각뿐이었다. 밤낮 없는 고향 생각에 몸도 마음도 약해진 찔레에게 주인은 며칠 동안 고민하다가 결국 찔레를 고향에 다녀오도록 허락을 했다. 그래서 고향에 10년 만에 온 찔레는 꿈에도 그리던 옛집으로 당도했지만 세 식구가 오순도순 살던 오두막은 간 곳 없고, 그 자리엔 잡초만 우거져 있었다. 마침 찔레의 모습을 본 옆집 할머니가 버선발로 달려 나와 그간의 정황을 말해주었다. 찔레가 오랑캐 나라로 끌려간 뒤 아버지는 감나무에 목을 매어 죽고 그것을 본 달래는 정신없이 밖으로 뛰쳐나가 그 뒤로 소식이 없다는 이야기이다. 찔레는 산과 들로 달래 찾아 헤매 다녔다. 가을이 가고 겨울이 왔다. 무심한 계절은 눈도 뿌렸다. 외로운 산길에 쓰러진 찔레 위로 눈이 덮였다. 봄이 되자 찔레가 쓰러진 산길에 하얀 꽃이 피어났다. 찔레의 고운 마음은 눈처럼 새하얀 꽃이 되고, 찔레의 서러운 운명은 빨간 열매가 되었다. 사람들은 그 꽃을 찔레꽃이라 했다.

찔레꽃하면 뒷산 덤불을 연상하게 된다, 봄철이면 산골짜기에 덩굴져 모여 있는 찔레덩굴을 찾아 어린 시절 헤맸던 생각이 난다. 찔레 순을 꺾어 먹으려고 산판을 뒤졌다. 그게 우리에겐 달콤한 주전부리였다. 딱히 과자도 없고 사탕도 먹을 만한 것이 눈에 잘 보이지 않던 4~50년대 이야기다. 소나무 속껍질도 벗겨 먹던 시절이니 그 연한 찔레 새순은 최고의 간식이 아니었겠나. 찔레 덩굴 속에서 가끔은 꿩 알도 주워 삶아서 먹던 기억이 생생하다. 가시 속에 보란 듯 피어나 자태를 자랑하는 찔레꽃에는 꿀벌들이 모여들어 잉잉대는 것이 봄철의 정경이다. 벌 어디서 그 꽃향기를 맡고 산골짝까지 찾아와 꿀 사냥하는지. 참으로 그 능력이 신비롭기도 하다. 벌은 십리 밖 냄새도 맡는다더니 참말인가 보다. 그런데 흰 꽃 에 흰 나비는 웬 일일까. 나비 새색시 되어 면사포를 쓰고 찾아온 걸까. 턱시도를 입은 새신랑은 보이지 않으니 그는 어디 숨어 있는 걸까. 아니다. 찔레꽃은 저 우주에 빛나는 오월의 별이다. 이런 생각으로 시를 쓴 이는 김종해 시인이다. 그는「찔레꽃3」이란 시에서 '오월의 며칠은 늦잠을 잘 수 없다. / 밤새도록 하늘에서 별들이 내려와 / 찔레 덤불 위에 / 하얗게 앉아 있다. / 알몸으로 웃고 재잘거리는 / 애기별똥별 / 주먹이 눈부시다. / 오오, 귀여운 것 / 개중에는 내 손주도 몇 앉아 있다.'고 하여 별이 찔레꽃이고 손주 같이 귀여운 존재임을 표현해 보이고 있다. 그 자잘한 꽃이 별로, 손주로 환치 상상되어 시인의 마음속에 자리하고 있음을 표현한 아주 순수하고 티 없는 시적 그림이 그려지는 작품이다. 그렇게 찔레꽃은 순수하고 티 없는 꽃임에 틀림없다. 찔레꽃은 추억의 꽃이며, 고향의 꽃이다. 찔레꽃은 소박하게 하얀 모습으로 다소곳이 핀다. 어쩌면 처연한 모습이 도회로 서방을 떠나보

낸 시골 마을 아낙 모습이다. 그런데도 이 꽃엔 남다른 애정이 서려 있다. 초등학교 시절 하교 길에서 풋내 나는 햇순을 꺾어 먹던 아련한 추억 때문인 것 같다. 지금도 덤불 속에 숨어서 고개를 내미는 그 찔레 순이 눈에 아른거린다.

채송화

꽃말 가련, 순진

아침이슬 받아먹고
자라나는 색동이들

아장아장 아스팔트 틈도 뚫고 웃는데

아깝다.
기껏 태어나
하루살이 꽃이라니.

페르시아의 여왕은 욕심이 아주 많은데 특히 보석을 좋아해 이 세상 보석이라는 보석은 모두 모아들일 결심을 했다. 그래서 페르시아로 들어오는 모든 장사꾼들은 통행세로 보석을 내도록 법을 만들었다. 이 방법으로 많은 보석을 얻었지만, 욕심 많은 여왕은 마음이 흡족하지 않아 이 궁리 저 궁리를 하다가 마침내 묘안을 하나 생각해 내고는 무릎을 탁 쳤다. "옳지, 온 백성에게 보석을 한 개씩 바치도록 하는 거야." 온 나라에 이 명령이 전해지자, 페르시아 국민들은 모두 근심에 쌓이게 되었다. 대체 어디 가서 그 비싼 보석을 구해다가 여왕에게 바칠 것인가. 이때 동쪽 나라에서 어떤 사람이 열두 마리의 코끼리 등에 열두 상자의 보석을 싣고 페르시아 여왕을 찾아와 말했다. "보석 한 개와 백성 한 사람씩을 맞바꾸시지 않겠습니까?" 보석에 눈이 먼 여왕은 흔쾌히 승낙을 하였다. 곧 상자의 보석과 페르시아 사람의 숫자를 서로 계산하기 시작하였는데 신기하게도 보석이 꼭 한 개가 더 많았다. 이것은 내가 가져야겠군." 보석을 가지고 온 사람이 남은 보석을 호주머니에 넣으려고 했다. 그러나 보석은 너무나 크고 아름다웠기에, 여왕은 그것마저 갖지 않고는 배겨낼 수가 없었다. "원하는 것은 무엇이든지 모두 줄 테니 그것도 나에게 주시오." 그는 오히려 여왕에게 물었다. "여왕님 자신과 바꾸시겠습니까?" 여왕은 그저 보석만이 탐이 나서 선뜻 그렇게 하자고 대답하고는 빼앗듯이 그 보석을 받아들었다. 그 순간, '꽝'하는 소리와 함께 열 두 보석상자가 일제히 터지면서 모든 보석들은 사방으로 날아가서 저마다의 빛깔로, 장미석은 분홍 꽃을, 루비는 붉은 꽃을, 자수정은 자주 꽃을, 오팔은 크림색 꽃을, 그리고 다이아몬드는 흰 꽃을 피웠다. 이렇게 핀 꽃들이 채송화 꽃이라 한다.

채송화는 화단을 보석 밭으로 만드는 꽃이다. 화단 한편을 사파니어, 루비, 오팔, 다이아몬드, 자수정, 호박 등의 보석을 닮은 색색의 꽃송이로 수놓아 스스로의 자태를 뽐낸다. 그래서 전설도 그런가 보다. 우리는 이 꽃을 보고 있으면 더없이 순수하고, 더없이 순박함을 느끼게 된다.

프랑스 시인 '폴. 발레리'는 "그대가 생각하는 대로 살지 않으면, 멀지 않아 그대는 사는 대로 생각하게 된다."고 했다. 위선과 가면의 삶을 버리고 순결, 순수한 삶을 살라는 뜻이다. 그런데, 이 세상에 욕심이 없는 삶이 어디 있는가. 우리 속인俗人의 삶속에는 이것이 오래 깃들기 어렵다. 그냥 추구할 뿐이다. 우리들은 이 꽃을 보면서 조금만은 순수해져야 할 듯하다. 채송화는 그냥 아름답기만 한 것은 아니다. 여린 듯 강하고, 끈질기다. 그래서 구명숙 시인은 「채송화」란 시에서 '독한 시멘트 길바닥 틈새에 / 뿌리를 내리고 / 흙바람 속에서 내민 / 어여쁜 목숨의 손. // 혹독한 상처를 끌어안고 / 진주빛 별을 가슴에 심은 / 초록 눈길이 / 품속처럼 따사롭다. // 세상을 이기고 / 홀로 조용히 빛나는 / 너의 웃음꽃송이가.'하고 표현하여 여리고 보석처럼만 여겨졌던 이 꽃이 갖은 역경을 이겨내고 숱한 상처를 받으면서도 억척같은 생명력으로 포근한 웃음꽃을 피워냄을 기리고 있다. 채송화는 땅으로 뻗는 줄기에서 내뿜는 짭조름한 뚝배기 냄새가 나서 뱀이 얼씬하지 못한다고 한다. 그래서 우리 조상들은 사철 정갈한 음식이 담겨 있는 장독대 근처에 이 채송화를 심어두었다고 한다. 선인들의 과학적인 지혜가 참으로 놀랍다. 그런데 이 채송화가 실은 하루살이 꽃이라고 한다. 아침에 피었다가 저녁에 지는 꽃이라니 화려함 뒤에 서리는 아쉬움이 있는 꽃이다. 그런데도 우리가 오랫동안 볼 수 있는 건 꽃 진 자리에서 연달아 다른 꽃잎이 솟아나 피고 있기 때문이란다. 보는 이에게 실망감을 주지 않으려고 그런 배려를 하는 걸까. 아니면 자기 자랑을 하려고 그러는 걸까.

카네이션 꽃

꽃말 건강, 존경(빨강), 사랑, 감사(연분홍)

마음이 아려요.
눈물이 어려요.
햇살이 모여 앉은 카네이션 한 송이

어머님,
꿈에라도 오시어
가슴 섶 빌려줘요.

아주 옛날 로마에 소크니스라는 아름다운 아가씨가 관을 만들면서 살고 있었는데, 그녀는 관을 만드는 솜씨가 뛰어나 사람들에게 부러움과 함께 시기를 받았다. 그러던 어느 날 그녀의 실력을 시기하던 동업자들이 그녀를 죽이고 말았다. 아폴로 신은 그의 신전을 항상 아름답게 꾸며주던 그녀를 불쌍하게 여겨 그녀를 작고 붉은 꽃으로 변하게 해주었다. 이 꽃이 〈시인의 패랭이꽃〉이라고도 하는 카네이션이다.

카네이션 꽃에 대하여 이야기하려하니 문득 어머님 생각이 난다. 말씀 없이 이천사년 정월 열엿새 날 겨울 달밤에 훌훌히 어머님은 먼 길을 뜨셨다. 그래서 마음이 아리고 눈물이 어린다. 어버이 날 애들이 카네이션을 가지고 오면 난 함부로 그걸 못 단다. 그래도 아이들 체면을 봐서 달아야 하는데 그 때 나는 죄스런 마음이 앞선다. 어머님 가슴에 카네이션을 달아드리고 싶은 마음 때문이다. 어버이날 카네이션을 달아드리게 된 이야기는 미국의 작은 마을 웨이브스터에 쟈비스라는 부인이 살고 있었는데 마을 주일학교의 학생들 모두에게 어머니처럼 존경을 받았는데 갑자기 쟈비스 부인이 병으로 세상을 떠나게 되자 어머니처럼 존경했던 쟈비스 부인을 추념하기 위해 교회에 사람들이 모였는데, 쟈비스의 딸 안나가 자기 집 뜰에 핀 하얀 카네이션을 한아름 안고와 돌아가신 자신의 어머니 영전에 바쳤다. 그 후 매년 이런 행사를 계속하면서 사람들은 하얀 카네이션을 영전에 바치게 되었다고 한다.

우리나라에서는 원래 1956년 어머니날로 시작되었으며 17년이 지난 1973년 아버지들이 소외감을 느낀다고 하여 아버지. 어머니 날을 합친 어버이날로 개칭되었다. 우리나라의 어버이날에는 살아계신 부모님에게 빨간 카네이션을 감사의 표시로 달아드린다. 우리나라의 5월은 바쁘다. 어린이날로 출발하여 어버이날, 스승의 날, 사월 초파일 부처님 오신 날이 이 한 달에 다 들어 있다. 아무래도 만물이 생동하는 달이기에 그리 행사들이 겹치는 모양이다. 정웅 시인은 「카네이션」이란 시에서 '어느 해 오월 / 애들이 만든 종이꽃 / 빨간 카네이션 // 벽거울에 걸어 놓으시고는 / 못 치우게 하시던 / 어머니// 당신 가시던 날 떨어졌다 / 빛바랜 종이꽃 / 바알간 카네이션이 / 툭.'이라고 하여 아이들이 만들어 준 붉은 종이 카네이션을 통하여 돌아가신 어머니에 대한 애틋한 정을 표현하고 있다. 카네이션 꽃을 보면 돌아가신 어머님 생각이 난다. 아이들이 할머니 것까지 붉은 카네이션을 가지고 와서 할머니 가슴에 꼭 달아드렸는데 이제 가시고 안 계시니 자꾸만 허전하다. 아마 정웅 시인도 나와 같은 심정이 들었던 모양이다.

칸나

꽃말 고귀함, 행복한 종말, 존경

먹구름 속 천둥칠 제 번갯불로 피어난 꽃

남국을 향한 향수 이글이글 태운다

서릿발 들이친 날에도 펄펄 끓는 저 눈빛

아주 옛날 부처는 웃으면서 사람들에게 “좋은 일을 많이 하십시오. 좋은 일을 하면 행복해질 수 있습니다.”하고 이야기하며, 돈보다 행복이 더 좋은 것이라고 설파하여 사람들의 마음을 편안하게 해 주었다. 부처의 이야기를 듣고 많은 사람들이 기뻐했다. 부처의 주위에는 점점 더 많은 사람들이 모여들었다. 그런데 '데와더르라'라는 못된 악마는 "옷 한 벌에 배만 고프지 않으면 행복하다고? 기가 막히는 이야기군."하며 부처를 에워싸고 있는 사람들을 멀리서 바라보며 이를 갈았다. 부처가 오기 전에는, 사람들이 자기 주위에 모여 자기 이야기를 들었는데 부처가 오자 다 떠나버렸다. 이에 분개한 그는 불타(부처님)가 유명해짐을 질투하여 불타를 해치려고 언덕 위에 올라가서 큰 바위 돌을 들고 기다리고 있었다. 그런 줄도 모르는 불타가 그곳을 지나자 기다렸다는 듯이 '데와더르라' 는 준비한 바윗돌을 불타에게 던졌다. 바위는 밑으로 굴러 떨어지면서 점점 작아지더니 나중에는 조약돌만 해져 불타의 발아래에 떨어져 부서지면서 그 파편이 불타의 다리에 맞아 붉은 피가 흘렀다. 피가 떨어진 자리에선 빨간 꽃이 피어났다. 그 꽃이 칸나이다. 이 때 악마는 불타의 피가 스며들어간 땅이 갈라지면서 그 속으로 빨려 들어가 영원이 나오지 못하게 되었다. 불타는 칸나를 가만히 바라보고는 조용히 걷던 길을 걸어갔다는 이야기가 전해오고 있다.

가정의 화단이나 도로변에 여름철 관상용으로 참 잘 어울리는 꽃이 칸나이다. 대부분 화단용으로 쓰이지만 최근 키 작은 것들이 육성되어 분화용으로도 쓰이고 있다. 봄에 심으면 6월부터 서리 올 때까지 잎과 꽃을 동시에 관상할 수 있고 꽃이 크고 화려한 데다 개화기간도 길어 도로변이나 공원 등지에 군락으로 심어 관상하는데 좋은 식물이다. 비늘 줄기성 식물로 서인도제도와 중앙 아메리카의 열대·아열대 지역에서 자생한다. 이 칸나는 내한성이 약하지만 양지바르고 배수가 좋으면 잘 자라고 공해에도 강하다. 칸나는 울안에 살지만 뿌리만 울안 흙속에 디디고 있을 뿐 고개는 쭉 빼어 담장 밖을 은근슬쩍 곁눈질하고 있다. 새빨간 꽃잎은 농염濃艶한 여인네의 입술과 같다. 칸나는 덩굴장미처럼 무모하게 담을 넘지는 않는다. 그냥 몰래 넘겨다보고 있을 뿐이다. 꽃잎은 애처롭다 못해 서럽게 곱다. 칸나는 목이 길다. 남국 어디서 왔을 제 조국이 그리워 목을 그리 길게 뽑고 있나 보다. 칸나는 얼핏 보면 여린듯하다. 그러나 여리지 않다. 오히려 강인함을 지니고 있다. 지독한 장마나 가뭄에도 끄떡 않고 당당한 모습으로 늘 우리 앞에서 새빨간 정렬을 불태우고 있다.

시인 정숙진은 「빨간 칸나꽃 당신」이란 시에서 '한 여름 / 들 가에 서성이다 / 만난 당신 / 이글거리는 눈빛 / 너무 강렬해 / 빨려 들어가네. // 끌리는 대로 따라가 / 진한 당신 사랑에 흡입되어 / 포로가 되고 말았네.'라고 하여 칸나 꽃을 임으로 환치하여 열렬한 사랑의 화신이라고 표현하고 있다. 칸나 꽃이 그리스 신화에 보이는 큐피드의 화살이라도 되었나 보다.

코스모스

꽃말 소녀의 순정, 의리, 사랑

귀뚜라미 연주 따라 한바탕 춤을 춘다
한들한들 그리움 둑길 서서 날린다
저만치 가을 보내며 연신 손을 흔든다

하늘이 내려 보낸 참 청순한 아가씨다
그늘 없는 얼굴로 사랑을 속삭인다
밤에는 달빛 꺼당겨 제 몸매 자랑한다.

옛날도 아주 먼 옛날, 이 세상을 창조한 신이 이 세상을 더욱 아름답게 꾸미기 위해서 꽃을 만들기로 결심했다. 신은 있는 솜씨를 모두 발휘해서 꽃을 만들었지만 처음으로 만들어 보는 것이라서, 마음에 쏙 들게 만들어 지지 않았다. 다시, 이런 모양 저런 모양으로 만들어 보는가 하면, 꽃빛깔도 이런 색 저런 색으로 물들여 보기도 했다. 이 꽃은 너무 약한 것 같지 않은가? 그리고 이것은 너무 색깔이 짙단 말이야. 하지만 꽃이라면 아무래도 힘이 있는 것보다는 어딘지 약해 보이는 게 나을 것이라 결정하고, 이번에는 그 모양을 하늘거리게 만들었다. 그리고 꽃빛깔도 그 모양과 어울리게 흰빛, 분홍빛, 자줏빛 등으로 골라 보았다. 그렇듯 신이 처음으로 이 세상에 만들어 놓은 꽃이 코스모스였다.

코스모스하면 지금의 초등학교인 국민학교 다닐 때 책보를 어깨에 둘러메고 검정고무신 질질 끌며 신작로 길을 걷노라면 한들거리며 환하게 웃음으로 맞이해 주던 그 길가 코스모스가 생각난다. 하곳길에 친구가 되어준 꽃이 코스모스다. 심심하면 친구끼리 서로 무명옷에 꽃을 따서 힘껏 손바닥으로 내리쳐 꽃무늬를 만들어 놓고는 즐거워하던 생각이 새록새록 떠오른다. 물론 집에 와서는 옷 버렸다고 어머니로부터 된통 혼을 나기 일쑤였지만-. 이 꽃은 화사하기에 가을날 방문房門을 새로 바를 때 손잡이 부분에 덧대어 풀로 붙여 문앙을 놓는 데 단골로 쓰이기도 했다. 나는 코스모스 꽃이 참 좋다. 옛 추억을 되살려 주어서이기도 하지만, 볼수록 그 순수함과 수수함에 마음이 끌리기 때문이다. 꽃 이름이 좋고 꽃말이 좋다. 거기다 그 자태가 한들거림이 좋다. 코스모스(cosmos)란 이름은 본래 질서와 조화를 뜻하는 그리스어 코스모스(kosmos)란 말인데, 이는 혼돈을 뜻하는 카오스(kaos)와 대립되는 말로 혼돈의 세계에서 질서의 세계로, 어둠의 세계에서 빛의 세계로 나아가는 '시간을 여는 꽃'이란 뜻으로 여겨져 조물주가 만들어 준 특급 선물인 것 같아 좋다. 일제 저항시인으로 알려진 윤동주의 시에 「코스모스」가 있는데 그는 이 시에서 '청초한 코스모스는 / 오직 하나인 나의 아가씨 / 달빛이 싸늘히 추운 밤이면 / 옛 소녀가 못 견디게 그리워 / 코스모스 핀 정원으로 찾아간다. / 코스모스는 / 귀뚜리 울음에도 수줍어지고 / 코스모스 앞에 선 나는 / 어렸을 적처럼 부끄러워지나니 // 내 마음은 코스모스의 마음이요 / 코스모스의 마음은 내 마음이다.'라고 하여 코스모스를 통하여 그리워하는 옛 소녀 모습, 아니 독립된 조국을 연상하여 시를 이끌어가고 있다. 그래서 그 합일 된 마음이 꽃으로 피어났다고 생각하고 있다. 꽃이 소녀이며, 아가씨이고 또 나인 것이다. 물아일체의 경지라 할까. 이 꽃은 조선 초기 화가 강희안의 고산관수도가 있는데 그 그림 속엔 선비가 흐르는 물가에서 홀로 고요히 바라보는 코스모스가 있는데 이는 높은 뜻을 지닌 스승을 사모하는 생각을 표현하고 있다고 하니 이 꽃은 사려 깊은 숭모의 정도 서려 있나 보다.

큰꽃으아리

꽃말 고결, 당신 마음 참 아름답다

햇볕들이 모여드는
초여름에 으아리져

한 오리 향을 풀어 벌과 나비 홀린다

방년들 맵시 뽐내는
그 마음도 으아리져

옛날 어느 마을에 마음씨 착하고 금실 좋은 신혼부부가 살고 있었는데 그 부부는 가난하여 땅 한 평이 없는지라 온갖 궂은일을 마다하지 않고 열심히 일하며 생활했다. 그 부부의 소원은 자식을 낳기 전까지 한마지기 밭이라도 소유하는 것이었다. 남편은 하루도 빠짐없이 이른 새벽부터 해질녘까지 쉬지 않고 일하였다. 그러던 어느 날 남편은 일을 마치고 집에 들어와 저녁을 먹고 나서 오순도순 이야기를 나눈 뒤 잠이 들었는데 다음날 해가 떠도 남편이 일어나지 못하는 것이었다. 그 모습을 보고 놀란 부인에게 남편은 하루 푹 쉬면 괜찮아 질것이라며 위로하였다. 그러나 하루가 지나고 이틀이 지나도 남편은 일어나지 못하자 부인은 수소문하여 온갖 약초를 먹이고 유명한 의원들을 찾아다녔다. 하지만 그 남편은 수십 년을 일어서지 못하고 누워 지내야만 했다. 그 모습이 안쓰러운 부인은 남편의 약을 구하러 다닐 때도 남편을 업고 다니기 시작했다. 그 남편은 사랑하는 부인이 너무 고생하는 것이 미안하여 집에 있겠다고 하였지만 오히려 남편을 달래며 어느 날과 다름없이 남편을 업고 약을 구하러 나갔다. 부인은 힘이 들어 업고 있던 남편을 내려놓고 잠시 쉬고 있었다. 그때 그 앞을 지나가던 노인이 그 모습을 보고 연유를 물어보았다. 그 사연을 귀담아 듣고 있던 노인은 봇짐을 내려놓고 그 속에서 약초 꾸러미를 꺼내주며 다른 약을 먹이지 말고 오직 이 약초만을 달여 먹이라고 말하고는 자리를 떠났다. 그 말을 들은 부인은 집에 와서 그 약초를 정성들여 달여 먹였다. 반신반의 하며 며칠을 먹였더니 놀랍게도 병세가 호전되기 시작하였는데 약초가 떨어져갔다. 부인은 옆집에 남편을 부탁하고 온산을 뒤져 그 약초와 똑같은 약초를 찾아내어 그 약초를 달여 먹였더니 거짓말처럼 남편이 다시 걷기 시작하였다 그 약초가 큰꽃으아리(위령선)였다는 설화이다.

큰꽃으아리[Lilac Clematis]는 이름 그대로 꽃이 큼지막하게 확 퍼져 핀 모습은 보는 이의 가슴을 시원시원하게 열어준다. 헤프지 않은 옥색의 청초함이 가득한 꽃이다. 나는 이 꽃을 보면서 보름달 같이 환한 웃음을 지닌 미인을 연상하였다. 어떤 사람은 그 크기에 놀랐는지 우리 담에 기대어 핀 이 꽃을 조화인 줄 알았다고 너스레를 떨기도 하였다. 이 꽃은 화려함보다는 수수함을 자랑한다. 종갓집 며느리 같이 푸근하다. 어쩌면 때 묻지 않은 시골 처녀의 모습이다. 꾸미지 않은 자태가 더욱 정을 자아내는 꽃이다. 가끔 찾아드는 벌 나비가 그 꽃에 앉은 모습은 아가를 안고 젖을 빨리는 어머니 품 같고, 푸른 하늘에 흰 구름이 지나가다 담에 기대어 멈칫 멈춰 있는 것 같기도 하다. 아침 햇살이 빗겨 내리는 때 이슬이 영롱한 꽃떨기에 맺힌 모습은 더할 수 없이 청초하고 청순하다. 그러나 이도 말라 찌그러져 질 때는 늙은이 머리에서 떨어지는 비듬 같기도 하니. 결국 꽃의 피고 짐을 보는 것은 어찌 보면 한단몽邯鄲夢인가 보다. 시인 김승기는 「큰꽃으아리」란 시에서 '밝은 얼굴에 뜨는 하얀 웃음이 / 꽃이라는 걸 볼 수 있겠지 / 연꽃이 물에서만 피던가. / 수련으로 축축한 세상을 아우르고 / 목련으로 공중을 어루만지듯이 / 덩굴 위에서도 큰 꽃을 피워 / 으아리지는 온누리 / 자비광명을 밝히는 것이지.'하고 표현하여 연꽃은 축축한 세상을 아우르고 목련은 공중을 어루만지듯이 이 꽃은 온 누리에 자비 광명을 밝혀주고 있다고 시상을 펼쳤다. 시인은 이 꽃을 부처의 세계로까지 승화시켜 표현한 것이다. 이 시를 읽다보니 어느새 숭엄함이 느껴진다. 어지간한 성인 얼굴만큼 확 퍼져 피는 이 꽃을 보면 무슨 은쟁반을 매달아놓은 듯도 하다. 함부로 손댈 수 없는 아름다움이 깃들여 있는 꽃이다. 그런데 꽃을 모르는 무뢰한인지 다짜고짜 덤벼들어 우리 집 으아리 한 뿌리 뽑아가겠다고 허락도 없이 맨손으로 뿌리를 뽑으려고 줄기에 손을 대는 무례한 노파가 있어 기겁할 뻔하였다. 막무가내 남의 꽃을 뽑아가겠다는 그 용기인지 만용인지 미친 짓인지를 저지르는 그의 마음이 못내 궁금하다. 꽃도 특이하면 수난을 겪어야 하는 걸까.

패랭이꽃

꽃말 순애, 조심, 대담

미움을 다 떨쳐낸 연모의 정 품었다

외진 땅에 살 비비며 모여 앉은 패랭이꽃

발아래 아른대더니 속눈썹에 밟힌다.

그리스에 리크네스라는 젊은 여인이 있었는데 일찍 부모를 여윈 그는 살길이 막연하여 로마로 돈벌이하러 갔다. 그 당시 로마에는 싸움에 이기고 돌아오는 병사나 영예가 있는 시인에게 월계수로 만든 면류관을 주었는데 이 면류관은 주로 여자가 만들었다. 손재주가 있던 리크네스는 그 일을 배워 로마에서 제일가는 면류관 기술자가 되었다. 그래서 로마에 살고 있는 사람은 그가 만든 면류관이 훌륭하다고 하여 모든 면류관 주문이 그에게로 쏠리게 되었다. 그러자 그것을 업으로 삼고 살던 많은 여자들은 그를 시기하고 질투하기 시작하였다. 그러던 중 나쁜 니크트라라는 여자가 가장 좋아하던 젊은 화가에게 그를 죽이라고 했다. 결국 리크네스는 죽음을 당하고 말았다. 그가 죽은 후 다른 여자들이 만든 면류관이 잘 팔릴 줄 알았는데 아무도 다른 여자들의 면류관을 사지 않았다. 오히려 리크네스가 만든 것을 쓰는 걸 영광으로 알고 낡은 것을 그대로 대물림해 사용했다. 로마사람들은 그의 억울한 죽음을 슬퍼하며 신에게 기도했다. 아폴로는 그 기도를 듣고 리크네스를 붉은 패랭이꽃으로 만들어 다시 태어나게 했다.

패랭이는 천인 계급이나 상제가 쓰던 갓을 지칭하는 말이다. 이 꽃은 그 모양이 이 패랭이와 비슷해 패랭이꽃이라고 부르고 있다. 패랭이꽃은 산과 들에서 흔히 볼 수 있는 들꽃이다. 한자로는 석죽石竹, 또는 구맥瞿麥이라 쓰며 참대풀이라 부르기도 한다. 우리나라의 나지막한 야산의 약간 건조한 땅이나 냇가의 모래밭, 산비탈이나 길가 바위틈 같은 데서 잘 자란다. 키는 30센티미터쯤 크며 한 포기에서 여러 개의 줄기가 나와서 곧게 자란다. 가지와 잎이 분을 바른 듯 흰빛이 돌며, 꽃은 6월부터 8월까지 줄기 끝에 핀다. 꽃은 대개 붉은빛이지만 희거나 연분홍빛인 것도 있고 원예 종으로 개량된 것은 꽃빛깔이 여러 가지다. 전하는 말에 의하면 패랭이꽃은 약성도 띠고 있는데 맛은 맵고 쓰며 성질은 찬데 방광경, 심경에 작용하여 열을 내리고 소변을 잘 보게 한다니 꽃치고 약이 안 되는 게 없나 보다. 패랭이꽃은 우리나라의 산과 들 어디에나 흔해 소박한 꽃을 피우는 까닭에 선인들로부터 많은 사랑을 받았다. 그런데 이놈이 정원에 이사 들어서는 더욱 그윽한 아취雅趣로 아기자기하게 피기에 방문하는 사람들의 눈길을 잡아끈다. 그래서 그런 생각이 들어서 그랬는지는 모르지만 일본의 시인 나데시코撫子는 「패랭이꽃」이란 시에서 '얼굴에 뽀얗게 분 바르고 / 들에 나가 / 꽃피는 소리로 살아 볼까? / 갈라진 손끝 마디마디 / 연분홍빛 사랑 칠하고 / 임 마중하러 나가 볼까? / 봄볕에 온몸 익혀 / 임의 가슴에 불꽃 요정으로 / 살랑대며 안겨 볼까? / 아! 아무것도 싫어 / 그대 발 앞에 이대로 / 향기로 쉬고 싶은 / 사랑스러운 패랭이꽃'이라고 하여 연모의 정을 이 꽃에 의탁하여 표현하고 있다. 특히 시인은 패랭이꽃 모습을 하고 패랭이꽃이 되어 그 그늘에서 그 향기로 쉬고 싶다고 이 꽃에 대한 몰아沒我의 심경을 말함으로서 친근감을 더 느끼게 하고 있다.

프리지어

꽃말 순진, 청초, 깨끗함

못 잊을 짝사랑에
애 태운 프리지어

어쩌자고 안달하다 죽어서 꽃이 됐니?

볼수록 야리야리한
저 애련의 슬픈 넋

숲의 님프인 프리지어는 미소년 나르시소스를 사랑하게 되었지만 말수가 적고 내성적인 그녀는 사랑한다는 말은 고사하고 그런 내색조차 하지 못하고 혼자 애만 태웠다. 시간이 흐르면서 나르시소스에 대한 사랑은 깊어졌지만 님프는 먼발치에서 그의 모습을 지켜볼 뿐이었고, 자만심 강한 나르시소스는 숫제 그녀의 사랑을 눈치조차 채지 못했다. 그러던 어느 날 나르시소스가 샘에 비친 자신의 모습을 보고 자신의 모습에 반해 물에 빠져 죽자 괴로워하던 프리지어는 그가 죽은 샘에 자신도 몸을 던져 따라 죽고 말았다. 이를 지켜본 하늘의 신은 프리지어의 순정에 감동하여 그녀를 깨끗하고 아름다운 꽃으로 만들어 주고 달콤한 향기까지 불어넣어주었다.

이 꽃 원래 고향이 따뜻한 곳이라서 추위에 매우 약하다. 그래서 우리나라에서는 주로 남부도서나 해안가에서 알뿌리로 생장한다. 햇볕이 잘 들고 물이 잘 빠지는 산성토양에서 잘 자란다. 주로 꽃꽂이용으로 쓰이는 대표적인 알뿌리식물로. 원종은 향기가 은은하게 퍼져 나오는 것이었는데, 개량종들은 향기가 더 진해진 것들이 많다. 여전히 꽃꽂이용으로 많이 재배되지만 요즘은 분화용으로도 상당량 재배된다고 한다. 매년 수요가 많아 우리가 재배하는 것으로는 모자라 많은 양을 꽃의 나라 네덜란드에서 수입하여 공급한다고 한다. 꽃 색은 노란 것이 주종을 이루고 있으며, 진한 핑크나 보라색 등 국산품종도 많이 있다. 그 티 한 점 없이 야리야리한 모습이 10대 소녀 같다. 뽀뽀해 주고 싶도록 귀엽다. 그래서 보고 있으면 마음이 순해지고 가슴에 잔잔한 파동을 일으키는 꽃이다. 그렇다. 이 꽃은 청순하고 천진난만하다. 그리고 무엇보다도 은은하고 깨끗한 향기가 있다. 꽃모양이 가련하리만큼 청초하고 감미로운 향기는 첫사랑에 눈뜬 소녀를 연상시킨다. 그러기에 정연복 시인은 「프리지어」란 시에서 '~ 봄의 전령인 듯 당당하면서도 / 새색시처럼 수줍은 모습의 프리지어 // 코끝에 번지는 진한 향기에 / 문득 떠오르는 당신의 모습 // 그리고 불현 듯 / 스치는 욕심 하나 // 이 꽃이야 이렇게 한철 / 피고 지기에 아름답다지만 // 당신의 향기에 취하여 / 그리움에 안달이 나서 / 이리도 안타깝고도 // 행복한 이 가슴속 / 당신을 향한 나의 사랑은 / 영원하기를'이라고 하여 프리지어를 통해 순진하고 깨끗한 당신을 향한 사랑의 세레나데를 읊조리고 있다. 진정한 사랑은 원래 주는 것이고, 받는 것이 아닌지 모르겠다. 그래서 괴로워도 그냥 바라보며 견디는 것이 사랑의 본질인가 보다.

할미꽃

꽃말 회상, 추억, 공경

한겨울을 땅속 깊이 은둔해 지내더니
보릿고개 굽은 등 펴지도 못한 채
검붉은 핏덩어리로 말없이 봄을 떤다

헝클어진 흰 머리칼 하염없이 날리며
떠나는 바람에 할 말을 다 못한 듯
빈손을 높이 쳐들고 한참을 머뭇댄다.

손녀 둘을 데리고 살던 할머니가 곱상 손녀는 부잣집에 밉상 손녀는 가난한 집으로 여위었다. 가까이 사는 곱상 손녀가 살림이 넉넉함으로 할머니를 모셨다. 그런데 모시며 심한 구박은 물론 굶기다시피 하므로 이러다가는 그냥 죽겠다싶어 할머니는 밉상 손녀를 찾아 가다가 그만 고갯마루에서 기진맥진하여 숨을 거뒀다. 그 때 밉상 손녀가 고갯길에 쑥을 캐러 왔다가 보고 보리밭가에 묻어드렸는데 이듬해 봄 그 무덤에서 검붉은 꽃이 피어났다. 그래서 할머니의 한이 서린 넋이 꽃송이로 피어났다고 하여 할미꽃이라 부르게 되었다.

할미꽃은 '뒷동산의 할미꽃 호호백발 할미꽃 젊어서도 할미꽃 늙어서도 할미꽃'하는 우리 정서를 잘 보여주는 소박한 전래동요가 있다. 그만큼 친근하고 우리 생활에 젖어 있는 꽃이다. 위 설화는 식물의 생김새에 관한 설명에 초점을 두고 짜이어진 이야기지만, 가난과 가부장제도라는 가족제도 때문에 겪는 가난한 하층여성의 고통스러운 삶을 잘 드러내고 있다. 얼핏 무력하고 늙어 소외당하고 밤낮 고개만 숙이고 사는 것만 같은 이 꽃이지만 고개를 쳐들어 화심을 하늘에 들이대기도 하는 꽃이 이 꽃이기도 하다. 겉모습이 백발 할아버지 같아 백두옹白頭翁이요, 허리 굽은 할미 같아 노고초老姑草란 이름으로 불린다. 붉다 못해 검붉음은 일편단심一片丹心의 기개를 보여주는 한사화寒士花로 선비들이 흠모欽慕하는 꽃이다. 한겨울은 만상이 봄을 기다리며 숨죽여 움츠려 사는 계절이다. 이 할미꽃도 뿌리 밑에 웅크려 숨어 앉아 기다린다. 지금은 많이 달라졌지만 우리나라의 봄은 가난하고 배고팠다. 그래서 할미꽃을 보면 배곯은 채 일에 지쳐 허리가 굽은 시골 할아버지, 할머니 생각이 난다. 그 때의 그들은 서러운 삶에 핏덩이를 쏟으며 울지도 못하고 입술을 깨물며 살아야 했다. 그렇게 고달픈 삶을 세월과 함께 살아갔다. 그러다 보니 어느새 흰 머리칼이 늘어나고 누군가에게 살아온 날에 대한 회한을 하소연하고 싶지만 다 같은 처지이기에 그럴 사람도 없다. 그래 끝내 말 못하고 참고 견디며 고개를 숙이고 마는 그 처량한 모습이 바로 할미꽃으로 환생還生하여 나타난 것만 같지 않은가?

'은근'이 한국의 미요, '끈기'가 한국의 힘이라고 한 국문학자 조윤제 박사의 말 같이 우리는 은근과 끈기의 민족이다. 그래서 그런지 우리는 속내를 잘 드러내지 않는다. 이에 라정희 시인은 「할미꽃」이란 시에서 '꽁꽁 얼어서도 / 깊이 간직한 말 못할 사연 / 언 몸 녹으면 / 님 그리워 목 길게 뽑았건만 / 수줍어 부끄럼에 / 고개 숙여……. / 산들 바람결에 / 못이기는 척 님을 훔쳐보네. // 어느새 / 백발 되어 / 기다림에 지친 님 놓칠세라 / 고개 들고 임 찾은 들 / 아~! / 애타는 추억이리.'라고 하여 할미꽃에서 님에 대한 그리움의 감정을 추억으로 삼고 있다. 그렇지만 이 꽃은 참음의 꽃인 듯하다. 이 꽃은 참고 견딘 한이 많아서인지 성질이 독하기로도 이름이 자자하다. 혀에 이 꽃을 대면 그 독에 죽음을 부를 수도 있다고 한다. 이 꽃은 뿌리 즙을 내어 하수구나 외양간에 뿌리면 벌레가 생기지 않고, 종기나 창瘡에 바르면 낫는다고 한다. 요즘 충남대 팀에서 부작용 없는 항암제를 이 꽃 뿌리에서 발견했다 한다. 이 꽃은 설총의 화왕계花王戒에서는 미혹迷惑의 여인 장미에 대립된 포의한사布衣寒士 차림의 충간신忠諫臣으로 등장한다. 이 꽃은 선비적 기개氣槪가 있어서 일까. 어느 날 화분에 심어놓은 이 꽃이 그 본연의 피맺힌 색을 봄 한철 잠깐 보여주고 가기에 내년을 기약하였더니 성질머리 고약하게도 비 내릴 때 덜 챙겨주었다고 뿌리부터 썩어 자결을 하지 않았던가. 어쩌든 세월은 기쁨보다 슬픔을, 흡족함보다는 부족함을, 남음보다는 모자람을 더 많이 남겨놓고 간다. 할미꽃 이야기에 등장하는 할미의 모습에서 우리는 이를 볼 수 있다.

해당화

꽃말 온화, 원망, 미인의 잠결

모래톱에 홀로 앉아 첫사랑을 새깁니다
먼 하늘과 먼 바다
한 몸이 되는 자리
떠오른 부끄러움을 가시 틈에 피웁니다

그림 같은 노을빛에 그리움을 흔듭니다
피보다 더 붉은
못 숨길 속마음
너무도 아리게 고와서 오히려 밉습니다.

옛날 연인이 사랑을 속삭이며 바닷가를 걷고 있었다. 그때 갑자기 큰 파도가 밀려와 두 사람을 덮쳤다. 남자는 여인을 물 밖으로 밀어내고, 자기는 그만 빠져 죽고 말았다. 갑자기 사랑하는 이를 잃은 여인은 죽은 애인의 시신을 끌어안고 슬피 울었다. 그 눈물이 남자의 몸에 닿자 그 자리에 분홍빛 해당화가 피었다는 전설이 하나 있고, 다른 하나는 머나먼 옛날 왜목 해변에 명포수 해동동자가 살았는데 어느 날 밤 그의 꿈속에서 산신령님이 나타나 "내일 정오에 왜목 앞바다에서 연평바다를 다스리는 청룡과 우리 앞바다를 다스리는 황룡 사이에서해를 다스리는 패권을 서로 차지하려고 쟁탈전이 벌어지게 될 것이니 너는 활을 준비하여 바닷가에 나가서 청룡과 황룡이 얽혀 싸울 때 황룡이 물위로 솟아오를 때를 맞추어 활을 힘차게 쏘아라. 알겠느냐!"했다. 해동동자는 산신령님이 지시한 대로 가장 아끼는 활과 전통을 어깨에 메고 그날 정오에 왜목 바닷가 석문산에 올라 기다리고 있다가 청룡과 황룡이 얽혀 뒤틀리며 위 아래로 위치가 바뀌면서 격렬한 몸싸움이 벌어졌을 때 활을 들어 청룡이 물위로 솟아오를 때에 활을 힘껏 쏘았다. 그런데 아뿔싸! 이게 웬일인가. 청룡이 물 아래로 내려가고 순간, 물 위로 솟아오르던 황룡이 화살을 맞아 점점 힘이 빠져 죽었다. 산신령님의 지시를 어기고 왜목 바다를 다스리는 황룡을 죽게 만든 포수는 심한 죄책감으로 앞바다를 바라보면서 피를 토하고 쓰러져 죽고 말았다. 그해 겨울 심한 추위도 물러가고 따뜻한 봄이 오자 명포수 해동동자가 피를 토하고 죽었던 왜목 모래사장에서는 이상한 싹이 돋아 꽃이 피었다. 그게 해당화였다는 두 가지 설화가 있다.

해당화를 보면 왠지 가수 이미자가 부른 〈섬마을 선생님〉이라는 노래 가사가 떠오른다. "해당화 피고 지는 섬마을에 철새 따라 ~♬♪♬ " 그 애절한 가사가 해당화를 보는 우리 가슴을 때로 구슬프게 한다. 그리고 해당화를 더욱 토속적으로 느끼게 한다. 속설에 해당화는 기녀처럼 수선스럽게 아름다워 사람을 홀리는 마력을 가지고 있어 그걸 집안에 심으면 그 집에 누가 바람난다고 집안에는 심지 않는 금기화禁忌花로 여겼다. 그러나 해당화는 꽃이 아름답고 특유의 향기를 지니고 있으며 열매도 아름다워 관상식물로 각광을 받고 있다. 특히, 고속도로변의 미화용으로는 첫 손가락에 꼽히고 있다. 꽃은 향수원료로 이용되고 약재로도 쓰인다. 예로부터 해당화는 선비들로부터 사랑받는 꽃으로 시나 노래의 소재가 되어 왔으며 많은 문인 묵객들이 해당화를 노래했다. 이렇게 선비들의 사랑을 받는 꽃인데도 유독 중국의 유명한 시인 두보만은 해당화를 소재로 해서 단 한 수의 시도 짓지 않았다 한다. 어떤 사람이 그 까닭을 물었더니, "내 어머니의 이름이 해당 부인입니다. 아무리 아름다운 꽃이라고 하지만 내 어머니의 존칭을 부르기가 송구스러워 그렇습니다."라고 했다 한다. 해당화하면 바닷가나 섬 지방을 연상하게 될 만큼 여름 해변에서 흔히 볼 수 있었지만, 백사장이 해수욕장 등으로 개발되면서면서 조금씩 보기 힘든 꽃나무가 되고 말았다. 그래 그런지 요즘은 먼 길 떠난 임이 수평선 저 너머에서 배를 타고 돌아오길 기다리고 있는 바닷가 모래사장 위의 아낙네처럼 애처로워 보이는 꽃이 되고 말았다. 만해 한용운은 「해당화」란 시에서 '철모르는 아이들은 뒷동산에 해당화가 피었다고 / 다투어 말하기로 듣고도 못 들은 체하였더니 / 야속한 봄바람은 나는 꽃을 불어서 경대 위에 놓입니다 그려 / 시름없이 꽃을 주워서 입술에 대고 '너는 언제 피었니?' 하고 물었습니다. / 꽃은 말도 없이 나의 눈물에 비쳐서 둘도 되고 셋도 됩니다.'라고 하여 이 꽃에 대한 애달픈 정에 자신의 그리움을 섞어 표현하고 있다. 해당화가 피고 짐은 자연현상인데 시인은 이를 통하여 오지 않는 임에 대한 기대와 슬픔을 절절히 표현하고 있다. 아마도 그 임은 조국의 독립이 아니겠는가 싶다.

하지만 달리 보면 이 꽃은 바닷바람 같은 세파와 대결하며 치열하게 싸우다가 창칼에 맞아 피를 철철 흘리고 있는 어느 투사 같기도 하고, 첫사랑 속마음 잊지 못하여 백사장을 헤매는 어느 애절한 여인의 자태 같기도 하다.

해바라기 꽃

꽃말 숭배, 기다림, 소망, 그리움

자라느니 맨 얼굴만 덩어리져 자라났다

너무도 부끄러워 고개를 푹 숙였다

햇볕에 그을리면서 가뭇가뭇 씨도 뱄다.

물의 요정 클레티에는 태양의 신 아폴론을 무척 사랑했는데 아폴론이 계속하여 클레티에의 사랑을 안 받아주었다. 클레티에는 계속 기다렸으나 아폴론의 관심은 오로지 페르시아 왕인 오르카모스 딸인 레우코테아에 있었다. 이것에 질투한 클레티에는 레우코테아가 아폴론과 정을 통한다는 소문을 퍼트리고, 이 소문은 레우코테아의 아버지인 오르카모스의 귀에도 들어갔다. 이러한 소문을 들은 오르카모스는 딸을 추궁을 하였고, 어쩔 수 없었다는 레우코테아의 말에 그녀를 산채로 매장을 해버렸다. 레우코테아가 이렇게 죽고 나자, 클레티에는 이제 아폴론이 자신을 받아줄 거라는 생각에 자신의 마음을 다시 전했지만 아폴론은 그녀를 사랑해주기는커녕 레우코테아를 죽게 만든 장본인이라며 오히려 반감을 샀다. 결국 사랑을 얻지 못한 클레티에는 9일 동안 아무 것도 먹지 못하고 하늘에 있는 아폴론만 바라보기만 하다가 결국 대지에 뿌리를 내리고 해바라기로 변했다 한다.

해바라기 하면 먼저 쟁반같이 둥근 꽃 덩어리를 연상하게 된다. 해를 따라 피어난다고 하여 붙여진 이름이 해바라기이다. "바라기"라는 우리말은 여러 가지 뜻이 있는데, 한쪽만 바라보도록 목이 굳은 사람이라는 뜻이 있다. "사랑바라기, 별바라기" 등 바라기가 붙은 어감이 예쁜 말들이 있다. 살려 써야 하겠다. 해바라기도 따지고 보면 참 예쁜 말이다. 해바라기는 특별히 거름을 주지 않아도 논이나 밭둑에서 힘차게 잘 자라는 꽃이다. 뿐만 아니라 그 땅이 걸거나 투박하거나를 가리지 않는다. 그저 한 뼘 공지만 있어도 환하게 피어나 우리를 반긴다. 원래 이 꽃은 그 고향이 북미인데 언제부터 우리 땅에 들어와 뿌리를 내렸는지는 자세히 모르나 오래 전에 귀화하여 우리 곁에 살고 있는 꽃이다. 특별히 유난한 향기를 품은 것도 아니고, 특별한 미색도 없으면서 당당히 스스로를 내세워 뭇 사람들 눈길을 모으고 있다. 잔재주를 모르는 순박한 시골 농부의 모습을 닮았다. 자신은 특별한 향기가 없지만 햇빛 먹은 씨는 꽃 속에 바글바글 박혀 있다가 영글어 쏟아져 우리 입맛을 사로잡는다. 고소한 맛이 일품이다. 차로 먹으면 고혈압 예방도 된다고 하여 더욱 각광을 받고 있다. 해바라기를 통하여 일제 강점기 고단했던 민초들의 모습을 표현한 이는 민족시인 윤동주이다. 그는 「해바라기 얼굴」이란 시에서 '누나의 얼굴은 / 해바라기 얼굴 / 해가 금방 뜨자 / 일터에 간다. // 해바라기 얼굴은 / 누나의 얼굴 / 얼굴이 숙어들어 / 집으로 온다.'고 하여 하루 종일 들판 논밭에서 일을 하려고 나갔다가 해가 다 져 돌아오는 모습을 해바라기에 투영시켜 표현하고 있는데 누나라는 어린 여성을 등장시켜 일제의 억압 속에 일만해야하는 나라 잃은 설움을 형상화하고 있다. 시가 애잔하고 슬프다. 마치 기계처럼 세상을 살고 있는 민초들, 특히 여성들의 애달픈 삶을 해바라기라는 꽃을 통하여 보여주고 있다. 시에서나 자연에서나 똑같이 해바라기는 외부지향적인 것을 좋아하며, 능동적 삶을 보여주는 꽃이다. 이상세계에 대한 동경도 없이 이 지상에서 제 분수를 지키며 사는 꽃이다. 다른 식물에 비하여 키가 크다고 우쭐대지 않고 자주 고개를 숙일 줄도 아는 꽃이다.

해오라비 난초

꽃말 꿈속에서도 보고 싶다

꽃 그리워 꽃 된 새들
하늘을 날 듯 하이

흰 날개 파닥이자
새나오는 향기들

새 좋아 새가 된 꽃들
깃 펴고 울 듯 하이.

예전에 강을 사이에 두고 처녀와 선비의 아들이 서로 사랑을 하였는데, 두 사람은 결혼을 허락을 받지 못했다. 어느 날 총각은 연모의 정을 이기지 못해 처녀를 보러 갔는데 강물이 가로막혀 있었다. 강 건너에서는 처녀도 하염없이 바라보고만 있었다. 둘은 날개가 있으면 날아가 서로 만나 보련만 하며 안타까워했다. 총각은 한참을 생각하다가 어둑어둑해지자 마음이 조급해져 강물로 뛰어들어 처녀가 서 있는 곳으로 갔다. 그런데 그만 강물에 휩쓸려 떠내려갔다. 그걸 본 처녀도 사랑하는 남자를 잃은 슬픔을 못 이겨 물속으로 뛰어들어 강물에 쓸려 내려갔다. 그 후 그곳에서는 두 개의 꽃이 피어났다. 날개 없음을 안타까워하던 두 사람의 넋이 날개를 펼친 듯한 해오라비 난초 꽃으로 피어났다.

서럽고 애달픈 사연이 맺혀 있는 꽃이건만 그 야리야리한 아름다움은 사람들의 마음을 매료시킨다. 이 꽃은 사람이 만든 어떤 예술품보다도 뛰어나다. 인간은 신의 수준을 절대 따라가지 못함을 실감하게 하는 꽃이다. 빛깔 · 모양이 멋지고 신기하다. 그런데 나와는 운대가 그리 좋지 않은 서먹한 꽃이다. 어머니는 내 꿈속에서 하얀 날개를 달고 학이 되시어 하늘로 훨훨 날아가셨다. 그래서 그런지 이 꽃은 어머님이 연상되는 꽃이기에 몇 해를 두고 꽃집에 들러 어렵사리 사다가 놓으면 한 번 피고는 그 흔적조차 없이 사라진다. 괜히 고운 꽃 볼 욕심에 제대로 살리지도 못 하면서 애완愛玩으로 사다가 죽인 셈이다. 이 꽃은 활짝 핀 모습이 날개를 펼친 해오라기를 닮았다고 해오라비 난초라 하는데, 해오라비는 해오라기의 경상도 고장말이다. 해오라기의 '해'는 '희다'와 통한다. 이는 '풀'에서 '푸르다'가 나온 것과 마찬가지로, '해'에서 '희다'가 나온 것으로 볼 수 있다. '오라기'는 해오라기가 '해오리'로도 불린 것을 보면, '오리'와 연관된 말일 수가 있겠다. '해오라기'를 백로로 일컫기도 하지만, 엄밀히 말하면 백로와 해오라기는 같지 않다. 날아다니는 해오라기보다 꽃 이름이 더 멋지다. 해오라비 난초는 야리야리하고 가냘픈 꽃으로 사람의 마음을 설레게 하는 꽃이다. 이에 대한 시로는 이병춘 시인의 「해오라비 난초」가 있는데 그는 '내 살던 덤불 속으로 / 무딘 햇살이라도 쏟아지고 / 가슴앓이 두견화가 온산을 불태운다면 / 나는 기다림이 되겠소. / 보랏빛 칡꽃 / 밤비에 파르르 떨고 / 찔레꽃 향기 하늘거리는 날 / 그대 나를 찾아 주신다면 / 나는 하얀 그리움이 되겠소. /그리하여 여름날을 노래하는 / 해오라기 되어 / 저 푸른 창공을 하얗게 날으리.' 하여 봄날의 정경과 해오라비 난초의 날 듯한 모양새를 통하여 비상飛上의 의지를 표현하고 있다. 이 시는 봄날의 꽃들 속에 핀 부속물쯤으로 표현한 것 같아 조금은 아쉬운 생각이 든다. 이 아름다운 꽃을 시로 만든 이가 더 많이 나타나 이 꽃의 위상을 높여 주었으면 얼마나 좋을까 하는 미련이 서린다.

호박꽃

꽃말 포용, 관대함

고향 하늘 울타리를 지켜온 범종이다

어머님 땀이 서린 황금빛 나팔이다

향기로 보시를 하는 생보살 입술이다.

아주 오랜 옛날 인도에 믿음이 진실한 스님이 계셨는데 그의 소원은 황금으로 된 범종 하나를 만들고 죽는 것이었다. 그래서 부지런히 돌아다니며 시주를 받아 황금 범종을 만들기 시작하였다.

그러나 황금 대형 범종을 만드는 일은 그리 쉬운 일이 아니었다. 스님은 종이 채 반도 이루어지기 전에 기력이 쇠잔하여 죽고 말았다. 죽어서 부처님 앞에 가게 되었다. 그는 부처님께 생전에 종을 만들던 일을 말하고 그 종을 완성할 때까지만 다시 인간 세상에 살도록 해달라고 간절히 빌었다. 그의 진심을 아신 부처님은 다시 그를 인간 세상에 살도록 허락을 해 주셨다. 스님은 소원대로 환생을 하여 인간 세상으로 돌아왔으나 이미 세상은 예전에 살던 세상이 아니었다. 그가 만들다 만 범종의 행방은 찾을 수가 없었다. 그가 부처님께 잠시 다녀오는 동안 인간계에서 벌써 1백년의 시간이 흘러갔던 것이다. 그는 그 종을 찾아 완성하기 위해 바랑을 걸머지고 세상의 구석구석을 떠돌아 다녔다. 어느 날 길을 가다가 자신의 발밑에 자기가 만들던 종 모양을 한 황금빛 꽃이 있어 그 줄기를 따라 땅 속을 파들어 가니 바로 거기에 자신이 만들던 대형의 황금 범종이 미완성인 채로 묻혀 있었다. 그는 그 종을 파내여 각고의 노력 끝에 완성을 시키고 어떤 소리가 나는가 싶어 쳐 보았다. 종에선 소리대신 황금빛 꽃이 떨어지면서 황금 열매가 달리는 것이었다. 황금빛 꽃은 호박꽃이었고 황금빛 열매는 다름 아닌 호박이었다. 호박꽃은 한 스님의 불심에 감복하여 부처님이 그 스님으로 하여금 범종을 찾게 하려고 만들어 낸 꽃이었다.

호박의 딴 이름은 남과南瓜 · 번과番瓜 · 금과金瓜 · 왜과倭瓜 · 북과北瓜 · 번포이다. 우리나라에서 재배하는 호박은 주로 중앙아메리카가 원산지로 이 땅에 들어와 정착하여 아시아에 널리 분포된 동양계 호박이다. 그 중 우리나라에서 역사가 오래 된 종種은 애호박 · 호박고지 · 호박범벅 · 약호박 등으로 이용되는 호박이다. 덩굴은 굵고 땅 위로 길게 뻗는데 덩굴손으로 감으면서 다른 물체에 붙어 올라간다. 줄기에 능선과 홈이 있으며 단면은 오각형이다. 덩굴과 성숙한 잎에는 거친 털이 있다. 어린 것을 애호박, 익어서 잘 굳은 늙은 호박을 청둥호박이라 한다. 주로 늙은 호박은 약용으로 사용한다. 호박은 과채류 중에서 녹말이 가장 풍부한 채소이고 감자 · 고구마 · 콩 다음으로 칼로리도 높다. 열매 · 씨 · 잎 · 순을 모두 식용한다. 약으로 쓸 때는 푹 삶거나 쪄서 사용하며, 술을 담가서 먹기도 하는데 부기를 빼는데 유용하다. 이런 호박이 생기려면 꽃이 피어야 하는데 호박꽃은 그 순박하고 수수하며 어떤 면에서는 촌스럽다. 그래서 꽃 가운데 무시당하는 쪽에 있다. 흔히 하는 말에 호박꽃도 꽃이라고 하는 말을 듣게 되는데 아마 티 나지 않는 꽃의 생김새 때문인 듯하다. 향기는 다른 꽃 못지않아 벌나비의 단골 꿀단지이다. 이 호박꽃은 다른 꽃들에 비해서 요란한 대신 수수하고, 현란한 대신 순박하고 온화한 느낌이 들어 좋다. 장미꽃이 잘 꾸미고 나타나 마음을 홀리는 첩이라면 이 호박꽃은 낮은 곳에서 교만을 버리고 겸손을 알게 하는 꾸밈없는 조강지처의 모습이다. 어릴 적 어머니가 번철에 가름 두르고 부쳐내넌 호박꽃 부침개의 알사하고 달콤한 맛이 지금도 혀끝에 맴도는 것 같다. 이래서 어머니의 손맛은 자식에게 평생을 가나 보다. 그래 그랬는지 함동진 시인은 시「호박꽃」에서 '넓고 넓은 너그러움 새벽을 펼쳐놓고 / 넉넉한 웃음으로 세상을 보듬을 듯 고와 / 아무리 보아도 이만한 고움 어디 또 찾나 / 다가가 마주보고 오늘 하루 너처럼 살고자.'하고 표현하여 호박의 너그러움과 고운 마음씨를 찬양하면서 순박하고 너그러운 베풂의 삶을 희구하고 있다. 호박꽃의 두리뭉실한 생김새에서 느끼는 감흥을 시를 통하여 표출해 보이고 있다. 남에게 약삭빠르지 않은 인간상을 바로 이 호박꽃이 보여주고 있다. 인간은 이 호박꽃처럼 수수하고 거짓이 없어야 한다. 인간성 형성은 10세 이전 어머니라는 우주에 의하여 배우고 형성된다고 한다. 어머니는 '가족'을 이끌고 가는 절대자이다. 이 절대자가 운영하는 베이스캠프가 가족이란 공동체이다. 여기서 자식들은 사랑을 배우고 소속감과 안정감을 배우며 신뢰를 쌓아간다. 또한 형제자매, 일가친척의 관계를 통해 자기 인식과 정체성을 형성하게 된다. 가족의 위계질서, 가족의 역할과 순환, 외부에로의 의사소통이 한 인간을 만드는 절대요소이다. 하나의 인격체는 여기서 비롯된다. 자식을 보면 그 어머니가 보이고, 어머니를 보면 자식이 보인다는 말은 헛말이 아닌 성싶다.

홍매

꽃말 고결, 정조, 결백, 충실

살얼음 반짝이는
때 이른
봄날아침

녹 슬은 철사 틈을 뚫고나온 핏방울들

어느새
꽃송이 되어
터뜨리는 아린 향

옛날 중국 산동지방에 질그릇을 굽는 용래라는 청년이 살고 있었는데 약혼 3일만에 그의 약혼녀 홍이가 몹쓸 병에 걸려 죽었다. 용래는 너무 슬퍼서 매일 약혼녀 무덤을 찾아가 울었는데, 그의 사랑과 그리움의 눈물에 하늘도 감동했던지 그가 흘린 눈물 자리에 피눈물이 꽃이 된 듯 어느 날인가 붉은 꽃이 피는 매화 한 그루가 돋아났다. 용래는 그 나무를 약혼녀의 넋이라 생각하고 집으로 가져와 마당에 심고 일생 질그릇을 구우며 그 매화나무와 더불어 살다가 매화나무도 그도 늙어서 어느 날 아무런 기척도 없이 죽었는데, 이웃들이 이상해 그의 집에 가보니 방에는 아무도 없고 질그릇 만들던 자리에 예쁜 질그릇 하나만 놓여 있어 열어 보니 그 속에서 한 마리 새가 "후드득"날아 갔다고 한다. 그 새는 휘파람새였다고 하는데 용래는 죽어서도 휘파람새가 되어 그 나무 곁을 떠나지 않고 지켰다는 전설이다.

일지춘一枝春 · 군자향君子香이라고 하여 예로부터 사군자四君子의 맨 앞자리에 매화梅花를 두었다. 흰 꽃이 피는 것을 백매라 하고, 붉은 꽃이 피는 것을 홍매라 하여 구분하고 있다. 매화꽃은 관상용으로, 그 열매인 매실은 식용 · 약용으로 이용되며 술을 담그는데도 사용되는데 열매가 완전히 익기 전에 따서 술을 빚어야 한다. 열매를 말려서 쓸 때 황색으로 익기 전에 따서 소금에 절였다가 햇볕에 말린 것을 백매白梅, 소금에 절이지 않고 볏짚을 태워 연기를 쐬면서 말린 것을 오매烏梅라 하여 예로부터 약으로도 많이 썼다. 다만 위산과다인 경우에는 복용을 금하고 있다. 선홍색 매화 꽃잎 위엔 그리움이 서려 있다. 아니 눈물 핑 도는 슬픔이 있다. 사랑은 홍매화 꽃잎처럼 그렇게 환히 피었다 서럽게도 지는 것이다. 시인 서정주徐廷柱는 「매화」란 시에서 '매화에 봄 사랑이 알큰하게 펴난다. / 알큰한 그 숨결로 남은 눈을 녹이며 / 더 더는 못 견디어 하늘에 뺨을 부빈다. / 시악시야 하늘도 님도 네가 더 그립단다. // …… 매화 향기에서는 가신 님 그린 내음새 / 매화 향기에서는 오는 님 그린 내음새 / 갔다가 오시는 님 더욱 그린 내음새 / 시악씨야 하늘도 님도 네가 더 그립단다. / 매화보다 더 알큰히 한 번 나와 보아라.'고 하여 그리움의 정서를 낙낙하게 펼쳐 보이고 있다. 좀 범신론적 사랑이 곁들여진 정서가 흘러넘치고 있다. 미처 추위가 물러가지 못하여 살얼음이 살짝 덮인 녹이 슨 철사 같은 가지 끝에서 붉은 핏방울이 솟아나듯 꽃들은 핀다. 이 꽃을 보면 자꾸만 일 년에 한번 여름철 냇물에 들어가 첨벙댈 줄 밖에 모르던 5, 60년대 아이들이 떠오른다. 손등에 겹겹이 낀 때가 엄동설한에 갈라져 터져 흐르던 그 핏방울이 이 홍매화에 오버랩 된다.

히아신스

꽃말 마음의 기쁨, 승리

봄볕을 올로 뽑아 안마당에 날아놓고
솔질로 자줏빛 향 먹이는 히아신스
틈틈이 바디로 쳐서 보름새를 짜낸다

말코에 감긴 천 여남은 자 뚝 끊어내
시폰 원피스를 지어 입은 히아신스
때때로 패션쇼 하듯 옷자락을 날린다.

태양신 아폴로는 히아킨토스라는 소년을 매우 사랑하였다. 그래서 아폴로는 운동할 때 늘 이 소년을 데리고 다녔다. 다른 젊은이들이 히아킨토스를 질투할 정도였다. 어느 아폴로는 들판에서 원반던지기 놀이를 하며 머리 위로 날, 힘껏 원반을 던졌다. 이를 본 히아킨토스는 원반을 던져보고 싶은 생각이 들어 아폴로가 던진 원반을 잡으려 급히 뛰었다. 이때 평소 아폴로를 미워하던 서풍의 신 제피로스는 이 광경을 보고 좋은 기회라 여기고 히아킨토스가 있는 곳으로 역풍을 불어 보냈다. 그러자 원반이 히아킨토스의 머리에 부딪쳤고 그는 숨을 거두고 말았다. 이를 본 아폴로는 히아킨토스를 안은 채 소리치며 슬퍼했다. "나로 인해 너는 청춘을 빼앗겼구나. 너를 대신해 내가 죽고 싶으나 그건 불가능한 일. 대신 너에게 생명을 불어넣어 이름다운 꽃으로 만들어 주겠다."하고 아폴로는 히아킨토스 이마에서 피를 찍어 바닥에 뿌렸는데 피로 물든 풀이 감자기 생기를 띠더니 한 송이 눈부신 꽃이 피었다. 아폴로는 피어난 꽃을 보며 슬픔을 삭였다. 이 꽃이 바로 히아신스라고 한다.

히아신스는 백합과에 속하며 뿌리가 내한성이 있는 다년생 유피인경(有皮鱗莖 bulb)이며, 원산지는 열대아프리카, 남아프리카, 지중해연안 및 서부아시아로 주로 지중해연안 지방에 30여종이 있다고 알려져 있다. 이 꽃은 향기가 좋아 천연 방향제가 따로 없다. 달콤하고 그윽한 향이 그 어떤 꽃보다 진하다. 히아신스 화분 하나면 방 안을 향기로 가득 채울 수 있다. 이렇게 향이 진하고 풍부한 히아신스는 향료나 오일(oil)의 원료가 되기도 한다. 최근에는 히아신스가 화분에서 꽃을 키우는 용도뿐 아니라 가지째 꽃을 꺾어 만드는 꽃꽂이용 절화折花로도 많이 유통되기도 한다. 특히 히아신스로 만든 부케를 선호하는 신부들이 늘어나면서 결혼식에서의 고급스러운 부케로 사용되고 있으며, 꽃송이가 두툼하고 물을 머금고 있기 때문에 물 공급이 어려운 화관 장식으로도 사용되고 있다. 뽀글뽀글한 파마머리를 닮은 꽃이다. 수많은 꽃이 있지만 유독 모양이 염색한 머리인 양 색색으로 뽀글거려서 미장원 모델로 발탁될지도 모르겠다. 최서림 시인은 시 「히아신스」에서 이 꽃이 알뿌리 식물임을 알고 이 알뿌리를 '엉덩이'로 환치하여 '그녀는 엉덩이가 전부다. / 엉덩이로 생각하고 / 엉덩이로 꿈을 꾼다. / 엉덩이로 말을 하고 / 엉덩이로 사랑할 줄을 안다. / (그게 아무나 할 수 있는 일인가) / 시들지 않는 사랑을 꿈꾸는 비애의 色으로 / 꽃대를 길게 밀어 올리는 것도 / 달고 짙은 향기가 사방으로 번져 나가는 것도 / 순전히 엉덩이의 힘이다. / 시폰으로 가려진 그녀의 엉덩이'라고 표현하여 이 꽃을 아주 육감적이며 모성적인 상상의 세계로 우리를 이끌어 가고 있다. 어머니의 엉덩이가 생명체의 우주가 되듯 히아신스의 얇은 시폰(망사)에 가려진 엉덩이(알뿌리)가 생명의 우주가 되어 꽃대를 밀어 올리고 있다. 인간의 이런 상상력을 부추긴 히아신스의 신비성이 신기하기만 하다.

청사 수필

설화를 품은 꽃들

초판 1쇄 | 2019년 7월 5일

지 은 이 | 유준호
발 행 인 | 이영옥
편　　집 | 김원선
발 행 처 | 도서출판 이든북
출판등록 | 제2001-000003호
주　　소 | 대전광역시 동구 태전로 30 (광진빌딩 2층)
전화번호 | (042)222-2536
팩시밀리 | (042)222-2530
전자우편 | eden-book@daum.net

ⓒ유준호. 2019

ISBN 979-11-90022-82-8
값 15,000원

* 잘못된 책은 바꾸어 드립니다.
* 이 책 내용의 일부 또는 전부를 재사용하려면 반드시 저자와
이든북 양측의 동의를 받아야 합니다.

* 이 책은 2019년 대전광역시, 대전문화재단 에서
사업비 일부를 지원 받았습니다.

이 도서의 국립중앙도서관 출판예정도서목록(CIP)은 서지정보유통지원시스템 홈페이지 (http://seoji.nl.go.kr)와 국가자료종합목록 구축시스템(http://kolis-net.nl.go.kr)에서 이용하실 수 있습니다. (CIP제어번호 : CIP2019025210)